REGIE IM THEATER

Über das Buch   Peter Brook ist einer der Väter des modernen europäischen Theaters. Durch seine Fähigkeit, nicht in einmal gefundenen Formen zu erstarren, ist er auch noch 1988 ein Neuerer der Szene, von dem zahlreiche Impulse ausgehen. In England, wo Brook unter anderem auch Mitdirektor der Royal Shakespeare Company war, trat er besonders durch seine neuartigen Shakespeare-Interpretationen hervor, die in regem Dialog mit Literaturwissenschaftlern entstanden sind und bald auch auf großes internationales Interesse stießen. In Deutschland wurde Brook einem breiten Publikum mit seiner legendären Inszenierung von William Shakespeares ›Sommernachtstraum‹ bekannt, die anläßlich der Olympiade 1972 in München gezeigt wurde. Seit 1970 lebt Peter Brook in Paris und arbeitet mit einem international besetzten Ensemble, das seine Aufführungen im Théâtre des Bouffes du Nord Paris und auf zahlreichen Tourneen im Ausland zeigt. Inszenierungen mit diesem Ensemble lösten in den letzten Jahren wahre Begeisterungsstürme aus.

Dieses Buch über Peter Brook beschreibt abwechslungsreich in knappen, informativen Einzelbeiträgen die verschiedensten Aspekte der Persönlichkeit und des künstlerischen Schaffens des Regisseurs. Neben einem Interview mit Peter Brook und zwei einander ergänzenden Essays über ihn enthält dieser Band auch Stellungnahmen von engen Mitarbeitern Peter Brooks sowie Aufführungsfotos seiner wichtigsten Inszenierungen.

Der Autor   Olivier Ortolani, Jahrgang 1955, studierte Theaterwissenschaft, Soziologie und Allgemeine und Vergleichende Literaturwissenschaft in Berlin und Paris. Er veröffentlichte 1985 im Berliner Basis Verlag eine Monographie, ›Dario Fo – Theater und Politik‹. Außerdem Artikel und Interviews in *Theater heute, théâtre/public* und anderen Theaterzeitschriften. Er arbeitet zur Zeit als freier Dramaturg.

REGIE IM THEATER

Herausgegeben von
Claudia Balk

OLIVIER ORTOLANI

PETER BROOK

**Fischer
Taschenbuch
Verlag**

Theater Funk Fernsehen
Eine Reihe des Fischer Taschenbuch Verlags

Originalausgabe
Veröffentlicht im Fischer Taschenbuch Verlag
Frankfurt am Main, November 1988

© 1988 Fischer Taschenbuch Verlag GmbH, Frankfurt am Main
Konzeption der Reihe: Claudia Balk und Ulli Stephan
Lektorat: Susanne Wolfram
Umschlaggestaltung: Manfred Walch, Frankfurt am Main
Umschlagfotos: Christa Kujath, Hamburg (Vorderseite)
Pablo Reinoso, Mahabharata, Avignon 1985 (Rückseite)
Satz: Fotosatz Otto Gutfreund, Darmstadt
Druck und Bindung: Clausen & Bosse, Leck
Printed in Germany
ISBN 3-596-27122-3

Inhalt

Olivier Ortolani
Ein produktives Neben- und Nacheinander von Gegensätzen
Peter Brooks Theaterarbeit 1942–1970

»Bei Shakespeare gibt es keine Abschwächung durch Innenschau und Metaphysik. Ganz im Gegenteil. Gerade durch den unversöhnlichen Gegensatz von Derbem und Heiligem, durch ein atonales Kreischen absolut antipathischer Klangschlüssel erhalten wir die aufwühlenden und unvergeßlichen Eindrücke seiner Stücke. Eben weil die Widersprüche so groß sind, brennen sie sich uns so tief ein.«[1]

Peter Brook spricht hier von Shakespeare, aber er spricht auch von sich selbst. Denn jede seiner Inszenierungen versucht das zu verwirklichen, was er so sehr an Shakespeares Theater bewundert: mit einem Minimum an Mitteln ein Maximum an Wirkung und Intensität zu erreichen, die Widersprüche der menschlichen Existenz nicht zu unterdrücken und zu glätten, sondern sie so konzentriert und lebendig auszustellen, daß sie die Anteilnahme und das Interesse des Publikums in jedem Augenblick immer wieder neu erwecken. Und genau wie bei Shakespeare spürt man beim Regisseur Peter Brook eine große Lust am Experimentieren und Jonglieren mit Gegensätzen, eine riesige Neugierde auf alles Neue und Unbekannte, ein absolutes Desinteresse an ideologischen, sprachrohrhaften Äußerungen und ein ständiges Auf-der-Hut-Sein vor dem Einrosten und Sich-Einrichten. Diese Geistesverwandtschaft mit Shakespeare ließ ihn zu einem der bedeutendsten Shakespeare-Regisseure unseres Jahrhunderts werden.

9

Doch auch wenn Peter Brook in regelmäßigen Abständen immer wieder zum großen Elisabethaner zurückkehrt, ihn wie viele wichtige Regisseure (z. B. Ariane Mnouchkine, Orson Welles, Peter Zadek) als ein auch noch heute gültiges Modell betrachtet, so heißt das nicht, daß er anderen Autoren der Gegenwart und Vergangenheit seine Energien vorenthält. Ganz im Gegenteil. Es gibt heute nur wenige Regisseure von Weltrang, die ein so breites, in die verschiedensten Richtungen strebendes (man könnte auch sagen eklektisches) Repertoire von Stücken in Szene gesetzt haben. »Beweglichkeit« scheint mir nicht nur das Kennzeichen seiner meisten Inszenierungen, sondern seiner gesamten Theaterlaufbahn zu sein.

Peter Brook wird 1925 als zweiter Sohn russischer Emigranten in England geboren. Mit siebzehn Jahren, als er noch Fremdsprachenstudent am Magdalen College in Oxford ist, bringt er bereits seine erste Inszenierung, Christopher Marlowes *Doktor Faustus*, mit Studienkollegen aus Oxford und London am Torch Theatre Club heraus. Kurze Zeit später versucht er, in den Geheimdienst einzutreten, nicht nur, weil er damals meint, ein Romantiker zu sein, den »alles Neue und Ungewöhnliche interessiert«[2], sondern weil er als Spion die Möglichkeit hat, seine Identität zu wechseln, in die Rollen anderer Menschen zu schlüpfen. Als Regisseur geht er nach dem gleichen Prinzip vor: Er legt sich nie fest, ist ständig bereit zum Aufbruch in eine andere Wirklichkeit – oder in ein anderes Medium. Denn zur selben Zeit, im Jahre 1944, dreht Brook seinen ersten Spielfilm, *Eine sentimentale Reise*, nach einem Roman von Laurence Sterne. Bereits am Anfang seiner Laufbahn arbeitet er also parallel auf unterschiedlichen Gebieten: Sprechtheater und Film. Später kommen dann noch Oper und Fernsehen hinzu. Wie er sein ganzes Leben lang zwischen den konträrsten dramaturgischen Entwürfen hin und her pendelt, so liebt er es auch, die Medien zu wechseln, wobei allerdings sein Hauptinteresse dem Sprechtheater gilt.

1945 ist Brook bereits ein anerkannter Regisseur, das Wunderkind beginnt, sich durchzusetzen. Er inszeniert sechsmal in einer Saison, darunter *Die Höllenmaschine* von Jean Cocteau und *London, Wimpole Street* von Rudolph Besier in London und *Pygmalion* von George Bernard Shaw für eine Tournee durch England und Deutschland. Einer der wichtigsten Theaterintendanten der Nachkriegszeit, Sir Barry Jackson, verpflichtet Brook für drei Inszenierungen ans Birmingham Repertory Theatre: *Mensch und Übermensch* von George Bernard Shaw, *König Johann* von William Shakespeare und *Die Frau vom Meere* von Henrik Ibsen entstehen. Im selben Jahr begegnet er Paul Scofield, der bis 1962 *(König Lear)* immer wieder mit ihm zusammenarbeiten wird. Über ihn schreibt Brook: »Als ich Scofield als sehr jungen Schauspieler kennenlernte, hatte er eine sonderbare Eigenheit: Verse hemmten ihn, aber er konnte aus Prosa unvergeßliche Verse machen. Es war, als schicke der Akt des Sprechens Vibrationen durch ihn hindurch, die einen viel komplexeren Hintersinn widerhallen ließen, als sein rationales Denken finden konnte.«[3] Wer von wem am meisten lernt, der Schauspieler von seinem Regisseur oder der Regisseur von seinem Lieblingsschauspieler, ist schwer auszumachen. Es hat wohl, wie immer in Brooks Umgang mit Schauspielern, ein intensives Geben und Nehmen stattgefunden, dem aber auch, wenn es sich erschöpft hat, irgendwann ohne Verbitterung ein Punkt gesetzt werden muß, um wieder neue Arbeitsbeziehungen mit anderen Schauspielern einzugehen.

Durch Scofield erfährt Brook, daß ein Schauspieler mehr ist

als eine Deklamationsmaschine. Denn Scofield lenkt Brooks Aufmerksamkeit auf die vielfältigen Ausdrucksmöglichkeiten, die der Stimme, den Lauten und Tönen innewohnen, und auf deren Fähigkeiten, einen unmittelbaren, ohne Umweg übers Gehirn gehenden Kontakt zum Zuschauer herzustellen. Der Erforschung des Klangmaterials kommt in Peter Brooks Inszenierungen zunehmend eine zentrale Bedeutung zu. Dies zeigt sich beispielsweise in den Übungen des am französischen Theatervisionär Antonin Artaud orientierten *Theaters der Grausamkeit* von 1964, an den virtuos eingesetzten Schrekkens- und Klagelauten des Chores in Brooks *Ödipus*-Aufführung von 1968 und in der von Ted Hughes erfundenen imaginären Sprache im vor den Kaisergräbern in Persepolis gespielten *Orghast*. Mit diesen Experimenten handelt sich Brook aber auch den Vorwurf des Obskurantismus und des Anti-Intellektualismus ein.

Neben Paul Scofield treten bald auch andere überragende Schauspieler in Brooks Inszenierungen auf. Die Liste ihrer Namen ist lang: John Gielgud, Laurence Olivier, Vivien Leigh, Jeanne Moreau, Roger Blin, Michel Piccoli, Glenda Jackson, Miriam Goldschmidt, Bruce Myers, Yoshi Oida, Marcello Mastroianni... Doch betreibt Brook kein Startheater, es geht ihm nicht um die Herausstellung des einzelnen. Sein Interesse ist vielmehr darauf gerichtet, ein Ensemble von Schauspielern zu schaffen, das sich gemeinsam auf die Suche nach dem »Geist« des Textes begibt. Die Einheitlichkeit und Dichte von Brooks Inszenierungen bestätigt die Richtigkeit dieses Ansatzes.

Als Beispiel dafür, daß Brooks Theater, trotz berühmter Namen, kein Theater der Protagonisten ist, sei die Verfilmung der *Tragödie der Carmen* von 1983 erwähnt: Brook läßt alle drei Versionen der Bizet-Oper aufnehmen, keiner der drei

Carmen-Sängerinnen wird ein Vorrang gegenüber den beiden anderen eingeräumt.

Zurück zum Jahr 1946, das auch das Jahr der Wiedereröffnung des Shakespeare-Festivals in Stratford-upon-Avon ist. Brook inszeniert dort die Shakespeare-Komödie *Verlorene Liebesmüh'* mit Kostümen, die an Gemälde von Watteau erinnern, denn: »Damals war alles, was ich machte, höchst bildhaft.«[4] In seinen folgenden zwei Shakespeare-Inszenierungen in Stratford greift er nochmals auf die Malerei zurück, um die Atmosphäre der Stücke zu beschreiben: auf Giotto für *Romeo und Julia* (1947), auf Bosch und Breughel bei *Maß für Maß* (1950). Über seine Motive schreibt er später: »Während all dieser Jahre war meine einzige Absicht, Illusionen auf der Bühne zu schaffen, den Zuschauer in eine andere Welt zu versetzen, damit er sich selbst vergißt. Das Guckkastentheater, seine Bühnenbilder, seine Beleuchtungen, seine Kostüme entsprachen vollkommen meinem Wunsch, diese Art dreidimensionales Kino zu verwirklichen.«[5]

Nachdem er eine Bearbeitung von Dostoevskijs *Die Brüder Karamazov*, Sartres *Geschlossene Gesellschaft*, *Tote ohne Begräbnis* und *Die ehrbare Dirne* inszeniert hat, wendet er sich, lange bevor es in Mode kommt, dem großen Illusionstheater, der Oper, zu. Mit dreiundzwanzig Jahren übernimmt er als Produktionsleiter Covent Garden und bringt dort in zwei Jahren fünf Opern heraus: *Boris Godunov* von Mussorgskij, *La Bohème* von Puccini, *Die Hochzeit des Figaro* von Mozart, *Die Olympier* von Arthur Bliss und *Salome* von Richard Strauss. Aber gegen die traditionellen Inszenierungsgesetze der Oper und gegen ihren Starkult kann er sich nicht durchsetzen. Immerhin lernt er dort den Bühnenbildner Georges Wakhevitch kennen, mit dem er noch jahrelang zusammenarbeiten wird, und es gelingt ihm, Salvador Dali für die Ausstattung der *Sa-*

lome zu gewinnen. Als diese Inszenierung mit einem Skandal endet, verläßt Brook Covent Garden. Aus dieser negativen Londoner Erfahrung zieht Brook seine Schlüsse: An der herkömmlichen Inszenierungsweise muß vieles geändert werden, wenn die Aufführung einer Oper zu einem lebendigen Ereignis werden soll. Ohne die zwei Jahre am Covent Garden wäre die *Carmen* 1981 an den Bouffes du Nord wohl nicht dieses Musterbeispiel für Natürlichkeit, Einfachheit und Wesentlichkeit geworden.

In den fünfziger Jahren ist Peter Brook außergewöhnlich produktiv. Die Zeitspanne bis zur Inszenierung des *König Lear* 1962 ist für ihn eine Phase des Lernens, des Suchens, des Ausprobierens und des Umherschweifens. Alles interessiert ihn: die neusten Stücke, die unterschiedlichsten Gattungen, diverse internationale Theaterstädte. Er inszeniert in London, Paris, New York und Brüssel Autoren wie Jean Anouilh, Christopher Fry, Arthur Miller, Tennessee Williams, Friedrich Dürrenmatt, Truman Capote, T. S. Eliot, John Whiting, Thomas Otway, Arthur Macrae, Graham Greene, Jean Genet und immer wieder Shakespeare *(Das Wintermärchen, Titus Andronicus, Hamlet, Der Sturm)*. Er realisiert zwei Opern in New York, er verfilmt John Gays *Bettleroper*, er dreht die Spielfilme *Moderato cantabile* nach einer Erzählung von Marguerite Duras mit Jeanne Moreau und Jean-Paul Belmondo und *Herr der Fliegen* nach dem Roman von William Golding. Er arbeitet fürs Fernsehen und ist sich weder zu schade für ein Boulevardstück wie *Die kleine Hütte* von André Roussin noch für ein Musical wie *Irma la Douce* von Alexandre Breffort.

Peter Brooks wichtigste Theaterinszenierung dieser Jahre ist zweifellos Shakespeares *Titus Andronicus* mit Laurence Olivier als Titus, Anthony Quayle als Aaron und Vivien Leigh als Lavinia im Jahre 1955. Ohne jeglichen Historismus gelingt es

Der Balkon, Paris 1960

ihm, ein elisabethanisches Ambiente zu schaffen: Er läßt die
Schauspieler näher am Publikum spielen, unterteilt das Stück
nicht in Szenen, sondern, wie im Film, in Einstellungen und
bedient sich des Prinzips der Montage. Der polnische Theater-
kritiker Jan Kott sieht *Titus Andronicus* 1957 bei einem Gast-
spiel in Warschau und empfindet die Aufführung als die »Of-
fenbarung eines Shakespeare, den ich vorausgeahnt, von dem
ich geträumt, den ich bislang aber noch nicht auf der Bühne
zu sehen bekommen hatte«[6]. Begeistert sagt er: »Dieser so
moderne und filmische Shakespeare wird letzten Endes auf
einer Bühne gespielt, deren Grundstruktur der elisabethanischen Tradition treu bleibt. Die Handlung wird genau wie in

Shakespeares Zeiten auf einer Vorderbühne und einer dreige-
teilten Hauptbühne ausgetragen, deren mittlerer Teil in zwei
Niveaus geteilt ist. Das Innere der großen Holzsäule, mit den
nach beiden Seiten sich öffnenden Flügeln, ist Familiengruft,
Waldklause, Titus' Gemach. Dank dessen gelingt es Peter
Brook, jene erstaunliche Einheit und Logik des Geschehens zu
erreichen.«[7]

1962 übernimmt Peter Brook, zusammen mit Michel de
Saint-Denis und Peter Hall, die Leitung der Royal Shakespeare
Company unter der Bedingung, innerhalb dieses Theaters eine experimentelle Gruppe schaffen zu können, die nicht dazu
verpflichtet sein soll, Theateraufführungen herauszubringen.
Noch im selben Jahr bringt Peter Brook eine Inszenierung zur
Aufführung, die einen Wendepunkt in seiner Theaterarbeit
markiert. Er inszeniert Shakespeares *König Lear* wie ein zeit-
genössisches, modernes Stück, er bannt darin die Erfahrungen
unseres Jahrhunderts mit dem Krieg, dem Machtmißbrauch,
dem Leerlauf der Geschichte und der Absurdität der menschlichen Existenz in Bilder, die zugleich an Beckett und Brecht
erinnern. Die Inszenierung ist eine radikale Absage ans Illusionstheater mit seinen opulenten Bühnenbildern und der Beginn eines Theaters, das den Schauspieler zum Zentrum des
Geschehens macht, indem es ihn in einen »leeren Raum«
stellt. »Ich glaube, alles hat sich bei *König Lear* geändert.
Kurz vor den Proben habe ich das Bühnenbild zerstört. Ich
hatte eine Bühne in rostigem Eisen geplant, sehr interessant
und kompliziert, mit aufragenden Brücken, ich wurde deswegen sehr angegriffen. Eines Nachts habe ich mir Rechenschaft
darüber abgelegt, daß dieses wunderbare Spiel keine Da-
seinsberechtigung hatte… Plötzlich klickte es. Ich begann
mich von einem Theater des direkten Ereignisses angezogen
zu fühlen, wo die Bewegung weder durch das Bild getragen,

Der Tanz des Sergeanten Musgrave, Paris 1963
links: Laurent Terzieff

noch durch einen Kontext gefördert wurde, die Anziehungs-
kraft wurde mir zum Beispiel ganz einfach durch einen
Schauspieler geboten, der die Bühne durchquerte.«[8]
1963 wendet er sich wieder der zeitgenössischen Dramenlite-
ratur zu. Er inszeniert Friedrich Dürrenmatts *Die Physiker*,
John Ardens *Der Tanz des Sergeanten Musgrave* und, zusammen mit François Darbon, Rolf Hochhuths *Der Stellvertreter*.
Schon die Auswahl moderner Stücke in den vierziger und
fünfziger Jahren hat gezeigt, wie genau er den Puls seiner Zeit
fühlt, wie empfindlich er auf Zeitströmungen reagiert. Auch
diese drei Inszenierungen wollen mehr als nur Theater sein,
sie wollen direkt in die politische Diskussion eingreifen.
Höhepunkt dieses unmittelbar auf politische Zustände rea-
gierenden Theaters ist aber seine Theatercollage, sein, wie

er es selbst bezeichnet, »Gruppen-Happening-Kollaborativ-Schaustück«[9] über den Vietnamkrieg, *US*, im Jahre 1966. »US« bedeutet im Englischen sowohl »Vereinigte Staaten« als auch »Wir«. Wie der Titel andeutet, versucht die Collage in provozierender Weise, die Beziehung des englischen Publikums zum Krieg in Vietnam zur Diskussion zu stellen. Dieses Theater der Fakten, der Montage von Rohmaterialfetzen und der Verweigerung jeder beschwichtigenden Ästhetisierung ist Brooks bisher umstrittenste Inszenierung. Danach wird er nie mehr ein »heißes«, aktuelles Thema so direkt angehen, er wird sich, außer bei Handkes *Kaspar* und François Billetdoux' Boulevardkomödie *Tschin-Tschin* (beides eher Nebenarbeiten), vollkommen vom Gegenwartstheater abwenden. Das bedeutet jedoch nicht, daß die Gegenwart ihn nicht mehr interessiert. Der Gegenwartsbezug wird nur in den folgenden Inszenierungen anders hergestellt: über den Umweg des der Vergangenheit angehörenden und dennoch zeitlosen Stoffes.

US wäre nicht möglich gewesen ohne die Experimente des 1963 von Brook und Charles Marowitz gegründeten, alternativ zur Royal Shakespeare Company funktionierenden, Lamda Theatre. In dieser experimentellen Arbeit stehen die Gruppe und nicht der einzelne Schauspieler, der Körper mit all seinen plastischen und vokalen Ausdrucksmöglichkeiten und nicht der Text, das Fragment, die Collage und nicht die Einheitlichkeit im Mittelpunkt des Interesses. Bei der ersten Produktion des Lamda hat außerdem Artaud Pate gestanden: Sie nennt sich *Theater der Grausamkeit* und besteht aus einer losen Aneinanderreihung von Szenen und Sketchen von Artaud, Robbe-Grillet, Brook, Genet, Arden und Marowitz.

Die Erfahrungen dieser Experimentiergruppe und die Auseinandersetzung mit Artaud fließen in derselben Saison in die

Inszenierung von Peter Weiss' *Marat/Sade* ein. Dieses Stück reizt Peter Brook, weil man darin vergeblich (wie bei Shakespeare und Čechov, seinen beiden Lieblingsautoren) nach dem Standpunkt des Verfassers sucht. Der Text von Peter Weiss bezieht seine Kraft aus einer Vielzahl von Gegensätzen, einem Auf- und Abbau verschiedener Perspektiven, einer bis zum Schluß durchgehaltenen Offenheit sowie einer Betonung des Sinnlichen und Spielerischen. Dies aber sind Elemente, denen man in Brooks späteren Inszenierungen immer wieder begegnen wird. Ferner unternimmt Brook in *Marat/Sade* den Versuch, auf der Bühne zwei konträre Theaterästhetiken, die von Artaud und Brecht, nicht miteinander zu verschmelzen, sondern nebeneinander zu stellen und in ein produktives Streitgespräch treten zu lassen.

Das Krisenjahr 1968 findet auch seinen Niederschlag in Brooks Theaterarbeit. In seiner Inszenierung des *Ödipus* von Seneca, der den Stoff drastischer dargestellt hat als Sophokles, stellt sich Brook der von Gewalt und Schrecken geprägten Gegenwart. Volker Canaris schreibt: »Brook hat bei dieser Inszenierung sehr wohl die ›tiefsten Emotionen der Menschen des zwanzigsten Jahrhunderts‹ im Blick, er bedient sich sehr wohl der Bilder- und Formensprache moderner Theaterdichtung. Die Stichworte für diese Tendenzen der Inszenierung heißen Vietnam und Beckett. Brooks Inszenierung hat dabei gewiß nicht ›heilige Schauer‹ ausgelöst – aber doch (ich kann da, versteht sich, nur für meine Person reden) außerordentliche Konzentration auf den Vorgang der Darstellung, gesteigerte Fähigkeit zu Bewußtseinsassoziationen, Aufnahmebereitschaft für die Begegnung mit dem Elementaren.«[10] Das Körperliche, Plastische, das Rituelle und Lautmalerische dieser Inszenierung findet man drei Jahre später in zersplitterter, aber nicht weniger intensiver Form im Iraner *Orghast* wieder.

Im *Ödipus* ist also in embryonaler Form angelegt, was Brook in den nächsten Jahren immer stärker beschäftigen wird: die Suche nach einer nicht-verbalen Form der Kommunikation.

Im gleichen Jahr inszeniert Brook eine Bearbeitung von Shakespeares *Sturm*. Auch diese Aufführung weist bereits in die Richtung des Centre International de Recherches Théâtrales (C.I.R.T.): Brook, der das Heterogene und die Mischung unterschiedlicher Stile liebt, läßt das Stück von einer Gruppe von Schauspielern spielen, die aus verschiedenen Ländern und Kulturkreisen stammen. Die Reibung, die daraus entsteht, liefert ihm bis heute die nötigen Funken zur Vitalisierung seiner Theaterarbeit.

Kurz bevor er 1970 das C.I.R.T., zusammen mit Micheline Rozan, in Paris eröffnet, kehrt er aber noch einmal zu Shakespeare zurück. Sein *Sommernachtstraum* brilliert durch zirkushafte Verspieltheit und artistische Gelenkigkeit, Schauspieler hängen an Trapezen und Schaukeln, tragen poppige Kostüme, bewegen sich zu Beat und klassischer Musik. Alle falsche Elfen- und Feenhaftigkeit dieses Stücks ist verschwunden, Klarheit, Leichtigkeit und eine unbändige Lust am Spiel beherrschen das Bild. Brooks *Sommernachtstraum* ist eine vollkommene Entfaltung theatralen Zaubers, aber zugleich ist es ein Abschied: Am Schluß der Aufführung steigen die Schauspieler in den Saal hinunter, um den Zuschauern die Hände zu schütteln. Eine Epoche in Brooks Theaterarbeit geht zu Ende, eine andere, die des Centre, der Bouffes du Nord, der *Iks* und des *Mahabharata* fängt an. Die folgenden Seiten handeln davon.

Georges Banu
Das Theater als Spielraum

>»Es ist das Menschliche, das im Theater im
Mittelpunkt steht, und es muß durch leichte
und schnelle Mittel begünstigt werden.«[1]

Das Gebäude – ein Obdach

Für Brook geht ein passender Ort einer Tätigkeit nicht voraus,
sondern ist im Gegenteil deren Konsequenz. »Es muß so sein,
daß eine Tätigkeit ein Theater sucht und nicht ein Theater
eine Tätigkeit.«[2] Das setzt also die Bildung einer Ästhetik als
Prämisse jeder fruchtbaren Forschung voraus, denn demnach
drückt die Suche einen formulierten, konkreten Wunsch aus,
der durch einen richtig gewählten Ort befriedigt werden
kann. Das erklärt die auf den ersten Blick zu deterministisch
anmutende Formulierung Brooks, die Bouffes du Nord gefunden zu haben, weil er sie suchte.[3]
Ohne die vorausgegangenen Jahre der Gruppenarbeit hätten
Brook und sein Ensemble, selbst wenn sie, wie es übrigens der
Fall war, den Ort bereits entdeckt gehabt hätten, nicht die
schöpferischen Reserven für eine solch exemplarische Aus-
nutzung gehabt.
Brook gründet das Centre International de Recherches Théâtrales im Jahre 1970, aber erst 1974 eröffnet er dieses alte,
verlassene, verbrannte, vergessene Theater, die Bouffes du
Nord, mit *Timon von Athen*. Durch eine feine Ironie begann
die Aufführung mit diesen zwei Sätzen von Shakespeare, die
es erlauben, das Theater und die Welt gleichzusetzen:
»Dichter: Was macht die Welt?

Maler: Sie nutzt sich ab, mein Herr, in dem Maße, wie sie wächst.«[4]

Die Verschlissenheit des Ortes stützte die Feststellung des Malers wie auch Brooks Diskurs, der seither eine Distanz gegenüber der Gegenwart einnimmt und von einer aufgezehrten Vergangenheit aus spricht. Brook zieht sich aus der unmittelbaren Aktualität zurück.

Gewiß hat dieses verfallene Theater Brook sein Geheimnis preisgegeben, aber er will diesem Ort, der gelebt hat, auch die Narben seiner Geschichte bewahren, weil er überzeugt ist, daß es »eine Schönheit der Falten«, eine Schönheit der Reste gibt. Man kann darin das Echo einer Ästhetik des Abfalls und des verbrauchten Objekts erkennen, die oft einen Reiz auf die bildenden Künste ausgeübt hat; während des gesamten Jahrhunderts sind Beispiele einer solchen Verwertung geliefert worden. Auch die Erinnerung an die Bewegung der Jahre um 1968 drängt sich auf, an das Außenseitertum, das sich durch abgenutzte Kleidung zur Schau stellte. Die Mauern der Bouffes ließen sowohl an zusammengeflickte Jeans denken als auch an den damaligen Wunsch, abseitige Orte zu bewohnen. Durch die Lage der Bouffes am Rande der Stadt, die die englische Presse ihm vorwarf, bekundete Brook die Verweigerung jeder Mittelpunktstellung. In seiner Wahl sind also sowohl die Bestimmung einer Ästhetik als auch die Niederschläge eines Zeitgeistes zu entdecken.

Antoine Vitez ordnet die Theaterräume in zwei Kategorien: *das Obdach*, ein Ort, der das Theater aufnimmt, ohne ursprünglich dafür entworfen zu sein, und *das Gebäude*, ein Ort, der fürs Theater bestimmt ist und außerhalb dieser Funktion untauglich ist. Durch eine schöne Verbindung gelingt es Brook, beide in den Bouffes du Nord zusammenzuführen, das Gebäude und das Obdach Verwandte werden zu lassen. Das macht den Ort erstaunlich, er ist doppeldeutig wie alles, was Brook liebt.

Jean-Guy Lecat, der Mitarbeiter Brooks, der für die verschiedenen Tourneen Spielorte auszusuchen hat, stellt fest, daß die Wahl nur aufgrund einer tiefen Kenntnis der entworfenen Ästhetik, ihrer Natur, ihrer Dynamik getroffen werden kann. Neben diesen verschiedenen besonderen Charakteristika gibt es eine Konstante in seiner Suche: In jeder Stadt will er sich zuerst die leeren Orte ansehen. »An einem leeren Ort stelle ich mir einen anderen leeren Ort vor«[5], sagt er. Diese Orte sind gewöhnlich entweder verlassen oder unvollendet. Verfügbare Orte, geschmeidige Orte... Diese »Plastizität« des Ortes entspricht Brooks Forderungen an das Spiel, seinem Wunsch nach einem nie ganz festen, gezeichneten, abgegrenzten Spiel. Er läßt immer ein wenig Freiheit, und deshalb »kann, solange der Schauspieler improvisiert, der Ort improvisiert sein«[6]. Spiel und Raum umfassen einander. Der Ort ist für Brook um so wertvoller, je formbarer er ist und je mehr Spielmaterial er beinhaltet: »Ein Ort, der etwas Unerwartetes enthält, eignet sich oft für den Theatergebrauch.«[7]

Die Verlassenheit oder die Unvollendetheit des Ortes läßt sich interpretieren als ein Warten auf das Leben, das sich entweder zurückgezogen oder noch nicht entfaltet hat. Die Aufführung, die an einem solchen Ort gegeben wird, erweckt ihn zum Leben. Brooks Ästhetik der letzten zwanzig Jahre ist untrennbar verbunden mit der Beziehung zwischen einem Ort in Erwartung eines Ereignisses und der Aufführung als Ereignis, das ihn erfüllt. Handlung und Raum unterstützen einander bei der gemeinsamen Anstrengung, das Theater zu einer »konzentrierten« Veranstaltung des Lebens werden zu lassen. Das ist der Grund, weshalb Brook »diesen Ort der Konzentration, wo jede Geste ihre Bedeutung haben kann«[8], gesucht hat.

Die Vergangenheit, nicht die Nostalgie

Die Bouffes du Nord sind ein altes Guckkastentheater, von dem Brook bestimmte Elemente beibehält und andere auslöscht.

Die verbleibenden Elemente	Die eliminierten Elemente
die Bühnenöffnung	die Bühne
letzte Markierungen von	die Maschinerie und die
Dekorationsteilen[9]	Dekorationsteile
die architektonische	
Dekoration	das Rot und Gold
die Balkone und	
die zylindrische Anordnung	die Bequemlichkeit

Ein Vergleich der beiden Spalten verdeutlicht, daß die Elemente des Guckkastentheaters zwar rudimentär, aber doch noch erkennbar sind. So entsteht das Gefühl, daß dieses Theater auch das Symbol eines wiedergefundenen und wiederbelebten Theaters ist.

Brook hat die Bouffes du Nord in Richtung eines elisabethanischen Theaters verändert. Er hat die Spielfläche ins Publikum hineingerückt, die Zuschauer werden um das dramatische Geschehen herum gruppiert. Die Raumhöhe hat er ausgenutzt, indem er zwei Türen und zwei Fenster in die Mauern brechen ließ, die ihm weitere Spielmöglichkeiten eröffnen. Aber dieser Rückgriff auf die Gegebenheiten des elisabethanischen Theaters wirkt nicht wie ein Zitat, denn statt der historischen Äußerlichkeiten entlehnt Brook die Prinzipien der elisabethanischen Dramaturgie. Er beschränkt sich auf den funktionalen Aspekt, ohne die historische Quelle deutlich werden zu lassen.

Zwischen dem Raum des Publikums und dem des Schauspielers ist die Trennung vermindert, ohne aufgehoben zu sein; gleichzeitig gibt es Nähe und Distanz. Der Unterschied zwischen den Zuschauern und den Schauspielern liegt im unterschiedlichen Grad ihrer Aktivität begründet. Publikum und Schauspieler gehen fühlbare Beziehungen miteinander ein, und doch bleibt eine Trennung zwischen ihnen bestehen. Die Grenze erscheint nicht als unüberwindlich, sie ist geschmeidig, beweglich, aber immer gegenwärtig. Der Ort erscheint als ein Ort des Austausches, der die jedem Theaterraum zugrunde liegende Zweipoligkeit beachtet.

Ebenso wie Brook in den Bouffes du Nord die Rampe eliminiert hat – sie verbleibt eher als eine symbolische Grenze und nicht als eine uneinnehmbare Mauer –, so hat er auch jede Tarnungsmöglichkeit entfernt. Die Nähe des Publikums führt fast unausweichlich zum Verzicht auf alle äußerlichen Effekte und Tricks. In den Bouffes wird nicht die Sichtbarkeit der Technologie praktiziert, wie Brecht sie theoretisch forderte, sondern der Standpunkt der Jahrmarktskünstler eingenommen, die zwar schwach ausgerüstet, aber nichtsdestoweniger fähig sind zu faszinieren. »Wir müssen beweisen, daß es keine Täuschung geben wird und nichts verborgen bleibt. Wir müssen unsere leeren Hände öffnen und zeigen, daß wir nichts im Ärmel versteckt halten. Erst dann können wir beginnen.«[10] Dieses Brooksche Berufsbekenntnis findet man voll und ganz in den Bouffes wieder.

Dieser außergewöhnliche Ort zeugt von der Vergangenheit, ohne in die Nostalgie umzukippen. Hier ist die Erinnerung nicht einbalsamiert, und wir werden eingeladen, mit den Bouffes eine freie, vitale, uneingeschüchterte Beziehung einzugehen. Man betritt sie nicht wie das Teatro Olimpico in Vicenza oder das Teatro Farnese in Parma. Brook hat alles getan, um die Narben der Zeit zu bewahren, ohne aber deshalb dem Kult des Monuments zu verfallen. Er setzt auf die Heterogenität des Ortes, wo ein feiner pompejanischer Farbton, das frisch geschnittene Holz der Bänke und die Rokkokoschnörkel sich miteinander verbinden. Die bescheidenen Stühle erinnern an ein altes Kino. Das Neue und das Alte, das Hohe und das Niedere existieren neben- und miteinander. Man spürt die Zeit, ihre Dauer, aber die Gegenwart der Handlung wird nicht geopfert. Alles erleichtert hier ihre Vitalität, aber vor dem Hintergrund einer bewahrten Erinnerung.

Der Boden und der Hintergrund

Brook zieht es vor, den Theaterraum der Bouffes du Nord für eine neue Inszenierung lediglich durch eine geringe Farbvariation verändern zu lassen, anstatt Bühnenbild-Konstruktionen und mechanische Mittel zu benutzen. Brook führt von einer Inszenierung zur anderen leichte Veränderungen ein, und es dauerte zehn Jahre, bis er den Farbton der Bouffes anläßlich des *Mahabharata* vollständig veränderte. So schlägt er dem Zuschauer vor, einen Ort wiederzufinden und seine Verwandlungen wahrzunehmen.

Die Veränderungen betreffen hauptsächlich den Boden. Für *Timon von Athen* ist der Boden der Spielfläche in der ersten Zeit mit dem Boden des Theaters identisch. Erst in dem Augenblick, in dem Timon die Stadt verläßt, wird der Boden mit Sand bedeckt, um eine Beckettsche Wüste anzudeuten (es ist interessant, zu bemerken, daß Brook den Wald, den von Shakespeare erfundenen Ort der Abgeschiedenheit, durch die Wüste ersetzt).

Für *Die Iks* ist die Bühne mit schwarzer Erde bedeckt und mit

Kieselsteinen übersät. Es wird eine unfruchtbare Erde gezeigt, die auf die Leiden eines Volkes verweist, das gezwungen ist, sie vergeblich zu bearbeiten.

Im *Ubu* bleibt der Boden zuerst nackt, der Raum ist frei für jede Form des Spiels. Im Laufe der Aufführung aber wird der Boden bezeichnet durch die Essensreste von Vater und Mutter Ubu, die in einer Wasserlache enden. Die Behandlung des Bodens spiegelt die Entwicklung der Aufführung von der ursprünglichen Klarheit zur Materialität des zweiten Teils wider.

Die Umstellung vom *Knochen* zur *Konferenz der Vögel* wird auch auf dem Boden sichtbar: Für die afrikanische Farce benutzt Brook Strohmatten und Requisiten bäuerlicher Behausungen, während er für das Sufische Epos von Attar prachtvolle Teppiche auf dem Boden ausbreitet. Die Teppiche deuten Zivilisation an und lassen zugleich an orientalische Erzähler und ihre Märchen denken.

Auch im *Kirschgarten* vollzieht sich eine Veränderung des Bodens während der Aufführung, eine Veränderung, die die Entwicklung der Figuren bezeichnet. Während in den ersten drei Akten Teppiche die Wärme und Intimität des Hauses symbolisieren (man konnte darin auch eine Erinnerung an die *Konferenz* sehen, ein Beweis für die Kontinuität der Arbeit), werden im Moment des endgültigen Abschieds die Teppiche eingerollt, und der schwarze, kalte Asphalt kommt schmerzlich zum Vorschein. Die Gefühlserfahrung des Ortes verändert sich durch diese einfache Variierung des Bodens.

In der *Tragödie der Carmen* ist die Spielfläche von einer verbrannten, von Gerüchen durchdrungenen Erde bedeckt. So wird ein Boden mit Jahrhunderte alter Geschichte angedeutet. Darauf wird dann der Teppich von Lillos Pastia gelegt, und Obst und Stühle werden plaziert, dies alles aber sind vergäng-

liche Elemente im Verhältnis zur Stabilität des historischen
Bodens. Im *Mahabharata* werden die Elemente Erde, Feuer
und Wasser zum Einsatz gebracht.

Mit der bewußten Gestaltung des Bodens erzielt Brook zwei-
erlei Wirkungen. Zum einen kann Brook trotz seines Verzichts
auf herkömmliche und aufwendige Dekorationselemente
ganze Welten andeuten. Zum anderen läßt sich mit der Gestaltung des Bodens auch die Spielweise der Schauspieler beeinflussen: Sie ist schnell und leicht auf den Teppichen,
schwerer und abgebremst auf der Erde. Der Boden der Spiel-

Die Konferenz der Vögel, Avignon 1979
vordere Reihe: Jean-Claude Perrin,
Bruce Myers, Urs Bihler, Maurice Bénichou,
Malick Bowens
rechts stehend: Alain Maratrat

fläche hat eine doppelte Funktion: Er kann die Gestaltung
einer Atmosphäre unterstützen und die körperliche Präsenz
der Schauspieler modellieren.

Der reale Raum, die fiktive Welt des Spielgeschehens und die
Schauspieler verbinden sich miteinander in der unterschiedlichen Materialität der Spielfläche: Carmen kratzt die Erde
auf, und Karna fährt sich im Wasser fest.

Brook führt reale Materialien in die Inszenierung ein, ohne
daß deshalb ein allgemeiner realistischer Effekt entsteht,
denn sie werden fortwährend in einen theatralischen Kontext

integriert. In Brooks Inszenierungen beschreibt der Raum nicht, er bildet nicht nach, sondern er ist das »Konzentrat« einer Welt.

Das andere Raumelement, dem Brooks Aufmerksamkeit gilt, ist *der Hintergrund.* Obwohl Brook den Halbkreis, der eine lange Kontaktlinie zwischen Publikum und Schauspielern herstellt, bevorzugt, bedient er sich doch nie der Kreisform, sie würde die Aufhebung des Hintergrundes nach sich ziehen. Den Hintergrund aber benötigt er genauso wie den Boden, er ermöglicht dem Körper des Schauspielers sich abzuzeichnen, das heißt, er funktioniert als plastische Stütze, als Leinwand. Der Körper wird zur Silhouette, die sich nicht in einer randlosen, unbegrenzten Weite verliert. Der Hintergrund fixiert den Spielraum, er grenzt den Spielraum gegen das umliegende Milieu ab, eine unentbehrliche Trennung, da zum Publikum hin die Grenzen in höchstem Maße flexibel sind. Durch den Hintergrund entsteht ein konzentrierter Raum: Der Raum darf bei Brook niemals zentrifugal erscheinen. Die Abgrenzung durch den Hintergrund läßt den Raum zentripetal werden. Der Schauspieler besetzt das Zentrum, und der Hintergrund beschützt ihn.

Die zentrale Stellung des Menschlichen

Brook gliedert den Raum, indem er sich auf den Schauspieler, auf den Menschen bezieht, und er verwirft alles, was den Menschen zu erdrücken droht. Das als Motto vorangestellte Zitat verweist auf die zentrale Stellung des Schauspielers in Brooks Theater, und es charakterisiert die von ihm benutzten Theatermittel, den Theaterort inbegriffen. »Leicht und schnell«, das bedeutet Ablehnung der Schwere und der Unbeweglichkeit, Negation von allem, was den Körper blockieren könnte.

1962 hat Brook eines Nachts das schwere metallische Gerüst, das er für den *König Lear* vorbereitet hatte, beseitigt, und das war die Entdeckung des leeren Raumes. Leerer Raum heißt nicht nackter Raum, die Leere ist das Resultat einer Entwicklung. Bei Brook geht die Ablehnung des Bühnenbildes nicht einher mit einer übertriebenen Lust an der Kargheit, sondern vielmehr mit einer Lust an der Vervollkommnung des Menschen mittels seiner ureigenen Fähigkeiten.

Der leere Raum ist ein antropomorpher Raum. Ein Raum für Menschen, nach menschlichem Maß. Der Mensch ist darin frei, er kann sich entfalten, egal, ob er Schauspieler oder Zuschauer ist. Aus dieser Freiheit entsteht die Leichtigkeit der Werke Brooks, die das Publikum mitreißt.

Georges Banu ist Professor für Theaterwissenschaft an der Sorbonne Nouvelle in Paris. In der Reihe *Les voies de la Création Théâtrale*, herausgegeben vom Centre National de Recherches Scientifiques (C.N.R.S.), veröffentlichte er einen Band über Peter Brook. Daneben erschienen von ihm zahlreiche Artikel über Brook in Fachzeitschriften, die ihn als einen der besten Brook-Kenner auszeichnen. Weitere Bücher von Banu sind: *Bertolt Brecht, Le petit contre le grand; Le théâtre, sorties de secours; Le costume de théâtre; La mémoire du théâtre*.

Gespräch mit Peter Brook
Der menschliche Kontakt ist die einzige unentbehrliche Wirklichkeit

Olivier Ortolani: Erinnern Sie sich an Ihre erste Berührung mit dem Theater?

Peter Brook: Den stärksten Theatereindruck meines Lebens hatte ich mit acht, neun Jahren, als ich in einem englischen Kaufhaus eine Aufführung für Kinder, in einem Theater aus Papier im Stil des 19. Jahrhunderts gespielt, gesehen habe. Das ist eigentlich seltsam, wenn man bedenkt, daß ich heute genau das Gegenteil mache: ein Theater, das das Bühnenbild, den szenischen Effekt und all das ablehnt. Aber mein stärkster Eindruck war diese absolute Künstlichkeit, dieses winzige Theater, ein kleiner gemalter Vorhang geht auf, und ich trete vollkommen, hundertprozentig, in eine andere Welt ein. Für einen Erwachsenen, der zuschaute, war es sicher sehr schlecht, aber für ein Kind war es das Theater. Mein erster Theatereindruck ist also visuell und künstlich gewesen. Aber bis zum sechzehnten, siebzehnten Lebensjahr habe ich nie an die Möglichkeit gedacht, daß das Theater eine professionelle Arbeit für mich bedeuten könnte. Es lag nicht in der Tradition meiner Familie, es war etwas für andere Leute. Für mich war es wie die Arbeit eines Forschers, wie die Tätigkeit von jemandem, der den Himalaja besteigt, ohne daß ich selbst einen Augenblick daran dachte, Bergsteiger zu werden.

Ortolani: Als Sie anfingen zu inszenieren, gab es da Einflüs-

Titus Andronicus, Stratford-upon-Avon 1955
Vordergrund links: Laurence Olivier

se, Personen oder Theaterformen, die Sie besonders geprägt haben?

Brook: Nein, überhaupt nicht. Und das ist vielleicht eine sehr gute Sache. Als ich in England im Theater zu arbeiten anfing, hatte ich nicht viel Theater gesehen. Während meiner Kindheit ging ich mit meinen Eltern eher ins Kino als ins Theater. Wenn ich ausnahmsweise doch mal ins Theater ging, fand ich es konventionell und langweilig. Damals richteten alle, die sich in England fürs Theater interessierten, ihre Blicke auf den Kontinent. Außerdem gab es damals den großen Fremdensnobismus, es war eine Zeit, in der man, um in den Künsten Erfolg zu haben, einen exotischen, wenn möglich einen russischen Namen haben mußte, und es gab überhaupt nicht die Bewußtseinsbildung, wie es sie nun seit zwanzig Jahren gibt, die einen englischen Künstler stolz auf seine Herkunft sein läßt, so daß er sie hervorhebt. Innerhalb meines Landes gab es nichts, dem ich hätte nacheifern können, es gab keine Tradition, denn der Begriff »Tradition« wurde auf alles angewendet, was es an Dümmstem und Unbedeutendstem gab, die Dinge waren traditionell in der schlimmsten Bedeutung des Wortes.

Dagegen gab es einen sehr großen Regisseur, Tyron Guthrie, er besaß keine Methode, keinen Stil, aber eine enorme Vitalität beseelte seine Inszenierungen auf außergewöhnliche Weise. Er inszenierte Shakespeare, er inszenierte Opern, in denen er die Massenszenen mit einer solchen Verve leitete, daß es für mich nur das gab. Es war lebendiges und aufregendes Theater. Ich bewunderte ihn enorm. Auf der anderen Seite gab es keinen Theoretiker in England, und die Shakespeare'sche Schule war katastrophal. Ich habe also angefangen, auf der Basis meiner eigenen Intuition zu arbeiten, aber vor allem aus der Reaktion *gegen* ein im Sterben liegendes Theater heraus.

Ortolani: Ihre Ausbildung fand also ausschließlich in der Praxis statt?

Brook: Ja, ganz und gar. Ich habe sehr jung angefangen, und ich bin auch niemals Assistent eines anderen Regisseurs gewesen. Ich habe angefangen wie jemand, der malt und nichts anderes hat als einen Zeichenstift. Als ich siebzehn Jahre alt war, habe ich eine kleine Gruppe von Freunden um mich herum versammelt, habe angefangen, etwas mit ihnen zu inszenieren, und so, über die direkte Arbeit, habe ich gelernt, Theater zu machen.

Mit den großen Einflüssen, denen andere Regisseure, vor allem in Europa, ausgesetzt waren, bin ich erst viel später konfrontiert worden. Mit fünfundzwanzig Jahren bin ich Brecht persönlich begegnet, ich habe seine Arbeit gesehen, als ich mit einer Inszenierung der Royal Shakespeare Company nach Berlin ging – ich hatte also schon außergewöhnlich viel gearbeitet, bevor ich ihn kennenlernte. Stanislavskij war mir vage aus einigen Büchern bekannt, aber es war kein lebendiger Einfluß, weil seine Lehre, anders als im ›Actor's Studio‹ in New York, bei uns keine wirkliche Präsenz hatte. Jedenfalls interessierte es mich nicht besonders, theoretische Sachen zu lesen. Von Antonin Artaud habe ich ein oder zwei Jahre bevor ich ›Das Theater der Grausamkeit‹ 1964 gegründet habe, zum ersten Mal gehört.

Ortolani: Sehen Sie in Ihrer Entwicklung als Regisseur bestimmte besonders entscheidende Momente und Einschnitte?

Brook: Ja. Ich glaube, das ist etwas, was ich immer gesucht habe. Sobald ich anfing zu arbeiten, spürte ich, daß ich weder in gerader Linie leben, noch meine Arbeit entwickeln konnte, sondern daß alles in Kurven verlaufen mußte. Ich fing an, gewisse Dinge zu machen, und rasch, um sie zu verknoten,

König Lear, Stratford-upon-Avon 1962
rechts: Paul Scofield

mußte ich etwas anderes tun. Am Anfang führte ich die Brüche herbei, indem ich von einer Gattung zur anderen überwechselte: Kino, Oper, Fernsehen, Klassiker, Boulevard usw. Und ich habe außergewöhnlich viel dadurch gelernt. Das schlug mir vor allem jede Art von intellektuellem Snobismus aus dem Kopf. Ich sah ein, daß es keine gute oder schlechte Gattung gibt, sondern daß alles komplexer und gemischter ist.

Dann gab es Endpunkte, wo ich fühlte, daß ich am Schluß einer Kurve angelangt war, und ich machte halt. Um beispielsweise Reisen zu machen. Bevor ich 1961 *Herr der Fliegen* drehte, habe ich zum Beispiel eine große Pause eingelegt. Bis dahin hatte ich eine Reihe von Inszenierungen gemacht, was sehr amüsant war, es war eine gute Art zu leben, ein Stück nach dem anderen an diesem oder jenem Haus zu inszenieren, aber ich fühlte, daß es irgendwie nicht befriedigend war. Außerdem wollte ich nicht gebunden sein. Ich hatte sogar die Absicht, das Theater für wenigstens ein Jahr zu verlassen. Ich habe also diesen Film vorbereitet. Dieser Film war eine lange Geschichte, weil es schwierig war, ihn zu finanzieren, zu drehen, zu schneiden, und das hat mindestens zwei Jahre gedauert. Während dieser Periode habe ich angefangen, kleine Artikel für englische Zeitschriften zu schreiben, die mir erlaubten, mit einer gewissen Distanz über meine Arbeit zu reflektieren.

Als ich nachher ans Theater zurückkehrte, geschah dies, um die erste längerfristige, an eine Entwicklung gebundene Arbeit anzunehmen, ich ging zur Royal Shakespeare Company, wo ich Mitdirektor von Peter Hall wurde. Dort konnte ich kontinuierliche Inszenierungsarbeit leisten, denn Peter Hall handhabe außergewöhnlich gut die administrative und politische Seite des Theaters – etwas, worum ich mich nicht kümmern wollte. So war ich während einiger Jahre mit denselben Problemen, denselben Leuten, demselben Gebäude beschäftigt, identifizierte mich mit einer Organisation, und innerhalb dessen hatte ich den Wunsch, eine kleine Forschungsgruppe zu schaffen. Das war etwas vollkommen Neues. Bis dahin hatte ich immer nur im Geiste, aber nie in der Praxis eines Forschers gearbeitet. Die Inszenierungen waren Schlag auf Schlag gekommen. Für die etwa dreißig Produktionen, die ich in England gemacht habe, konnte ich nie mehr als vier Wochen mit denselben Schauspielern arbeiten – das waren damals die Arbeitsbedingungen. Ich habe Inszenierungen in zehn Tagen, in vierzehn Tagen, in drei Wochen herausgebracht. Die Proben zu *Maß für Maß* (1950), eine entscheidende Inszenierung in der Entwicklung meiner Arbeit, dauerten drei Wochen.

Als ich nach dem Abenteuer der Dreharbeiten von *Herr der Fliegen* zum Inszenieren ans Theater zurückkehrte, erhielt ich zum ersten Mal die Gelegenheit, länger zu arbeiten. Wir riefen die erste Gruppe des ›Theaters der Grausamkeit‹ ins Leben, in der wir mehrere Monate lang Forschungen betrieben, und für *Marat/Sade* arbeiteten wir mit dem Kern dieser experimentellen Gruppe zehn Wochen, was gigantisch war. Von da an bis 1970 verfügte ich über eine dauerhafte Organisation, die neben einer gewissen Kontinuität in der Inszenierungsarbeit auch die Bildung einer Gruppe ermöglichte, die eine parallele Arbeit zur jeweiligen Inszenierung, eine Arbeit der Vorbereitung und der Übungen machen konnte. Damals begann das, was wir machten, eine Arbeitsform zu werden, die in Mode kam. Zur gleichen Zeit fing in Polen Grotowski mit seinen Forschungen über den Schauspieler an, und auf diese Weise sind wir Freunde geworden.

1970 gab es eine andere große Veränderung: die Gründung des ›Centre International de Recherches Théâtrales‹, das nach dreijährigen Forschungen den Namen ›Centre International de Créations Théâtrales‹ annahm, eine Organisation, die bis heute besteht und für die ich vollkommen verantwortlich bin.

Ortolani: Ihre letzte Inszenierung, der *Mahabharata*, ist im Rahmen dieses C.I.C.T. verwirklicht worden. Der *Mahabharata* ist zehn Jahre in Ihrem Kopf gereift, ehe er eine konkrete Aufführung wurde. Können Sie mir beschreiben, wie dieser Prozeß abläuft, der mit der ersten Berührung, der ersten Intuition eines Stückes oder einer Idee beginnt und mit der Geburt einer Inszenierung aufhört? Wie verläuft die Vorbereitung einer Inszenierung?

Brook: Ich glaube, daß jede Analyse, die man machen kann, eine nachträgliche Analyse ist. Wie so oft im Leben, ist ein

Erlebnis sehr, sehr verschieden von der Analyse, die man davon macht. Wenn man etwas erlebt, folgt man anderen Impulsen, anderen Strömungen, und wenn man versucht, dies zu schematisieren, riskiert man, an der Wahrheit vorbeizugehen. Deshalb ist die Arbeit eines Dramatikers oder eines Romanciers oft genauer, näher an einer menschlichen Wahrheit, als die eines Soziologen oder eines Analytikers. Wenn ich zum Beispiel in Büchern von Theatersoziologen Analysen über meine Arbeit sehe, wo Diagramme abgebildet sind, die zeigen, daß die Arbeit mit einem Kreis beginnt und sich dann mit einem Pfeil fortsetzt, der in diese oder jene Richtung geht, sage ich mir: »Diese Schemata sind vollkommen trügerisch, weil sie nichts mit der Wahrheit zu tun haben.«

Die Wahrheit muß sehr viel menschlicher verstanden werden. Ich glaube, daß jeder in jedem Augenblick seines Lebens Tausende von Möglichkeiten der Wahl hat. Zur Tür hinausgehen oder nicht – es gibt eine Mischung des Schicksals und der Entscheidungen, und in all diesen Entscheidungen gibt es ein Element, das zutiefst emotional und intuitiv ist. Es hängt zusammen mit einer geistigen Struktur, mit Prinzipien, aber letztendlich ist es eine Frage der Liebe. Unter einer Vielfalt von Themen wird man von einem bestimmten Thema besonders angezogen. Man kann analysieren warum, aber es ist nicht unbedingt die Wahrheit.

Was mich in der ersten Periode, von der ich sprach, fasziniert hat, war die Schnelligkeit, mit der man im Theater das Thema, das einen interessierte, materialisieren konnte. Wenn man im Film dagegen von einem Thema gefesselt war, vergingen Jahre, ehe man es verwirklichen konnte. Im Theater konnte man von einem Bild, einer Idee gefesselt sein, und drei Monate später war alles fertig, abgeschlossen. Man war davon befreit. So, wie wenn man Kinder nicht in neun, sondern in drei Monaten machen könnte. Als ich anfing zu begreifen, daß man eine bessere Arbeit leisten konnte, wenn man mehr Zeit hatte, führte mich das selbstverständlich zu anderen Arbeitsweisen. Als wir hier in den Bouffes du Nord anfingen zu arbeiten, habe ich bemerkt, daß es möglich ist zu sagen: »Wir werden nur dann etwas machen, wenn wir bereit sind. Wir werden erst dann unsere Arbeit vorzeigen, wenn sie reif ist.« Das ist eine ganz andere Haltung.

Beim *Mahabharata* beispielsweise interessierte mich das Thema. Mir schien es besser, viel Zeit und Energie in etwas Wertvolles zu investieren als in einen Blödsinn. Eines Tages bin ich in den Pinewood Studios dem Regisseur eines riesigen amerikanischen Science-Fiction-Films begegnet, der vollkommen erschöpft war, nachdem er zwei Jahre seines Lebens über den Spezialeffekten verbracht hatte, und ich fragte mich: »Ist es der Mühe wert, welches auch immer die Belohnung ist, zwei Jahre seines Lebens für einen riesigen Blödsinn zu opfern, der vielleicht Millionen von Dollars einspielen wird?« Ich habe immer gesagt: »Man muß sich und die Arbeit der anderen in etwas Wertvolles investieren.« Und ich fand ganz einfach, zusammen mit Jean-Claude Carrière, daß der *Mahabharata* etwas von ungeheurem Wert ist. Dieser Zeitaufwand lohnte sich. Da wir nicht unter Druck standen, haben wir das Datum der Premiere des *Mahabharata* sieben-, achtmal verschoben. Wir hätten die erste Textfassung sofort, in der nächsten Saison inszenieren können. Aber als wir sie lasen, sagten wir uns, daß wir nicht genügend im Thema drin sind, daß wir zuerst nach Indien fahren müßten. Schließlich haben wir zehn Jahre mit der Arbeit am *Mahabharata* verbracht.

Es gibt also keine sehr einfache Antwort auf Ihre Frage, weil es wirklich vom Thema abhängt. Es gibt die Liebe auf den ersten

Blick. Alles, was ich für mich selbst sagen kann – ich habe es einmal in einem Artikel mit dem Titel *Die formlose Ahnung* beschrieben –, ist, daß es meiner Überzeugung nach in der Arbeit, die zu einem guten Resultat kommt, am Anfang dieses Gefühl gibt, das ein Gefühl ohne Schema ist, ein Gefühl ohne Form. Dann versucht man, sich dieser allmählich entstehenden Form zu nähern. Man sucht, man wechselt die Richtung, man tastet sich vorwärts, man irrt sich, man entfernt sich, bis zu dem Augenblick, in dem die Erscheinung der Form so ist, daß man sie wiedererkennt. Plötzlich gibt sie sich zu erkennen, und man sagt sich: »Ah, jetzt verstehe ich, was ich suche.« Das ist vielleicht der Weg, der mehr dem Weg des Bildhauers, der in einem Steinblock etwas sieht, was noch nicht da ist, und der versucht, es herauszumeißeln, ähnelt als der Arbeit eines Komponisten, der in seinem Kopf etwas sehr, sehr Präzises schafft und dann anfängt, es aufzuschreiben – dem Gegenteil dieses Weges im Dunkeln und im Nebel hin zu einer Vorahnung.

Ortolani: Was ist ein Schauspieler für Sie? Über welche Eigenschaften muß er vor allem verfügen?

Brook: Es gibt Menschen, die sind Schauspieler geworden, um sich zu verstecken, und es gibt Schauspieler, die diesen Beruf gewählt haben, um sich zu öffnen und weiterzuentwickeln. In beiden Fällen ist für mich die Entscheidung sehr klar. Ich mag keine Schauspieler, die Konstruktionen machen wollen. Deshalb habe ich zum Beispiel besonders gute Beziehungen zu den afrikanischen Schauspielern, sie sind überhaupt keine naiven und intuitiven, sondern sehr professionelle, sehr kompetente Schauspieler. Sie versuchen, vollkommen offen zu sein, damit die Rolle sich durch all ihre Mittel ausdrückt. Das ist das Gegenteil des großen westlichen Kompositionsschauspielers, bei dem alles eine künstlerische Konstruktion ist, und das, was sich im Innern abspielt, oft unauffindbar ist. Es ist die Konstruktion mittels der Virtuosität.

Beim Schauspieler suche ich diese Reinheit, die in Erscheinung tritt, wenn er sich öffnet. Außerdem verlange ich vom Schauspieler, daß er bereits etwas mitbringt. Ich mag nicht mit Anfängern arbeiten, die zu mir kommen und sagen: »Ich liefere mich Ihnen aus.« Weil ich mich frage, warum? Das interessiert mich nicht. Ich finde keine gesunde Beziehung zu jemandem, der sagt: »Ich bin zu allem bereit. Ich bin ein Werkzeug in Ihren Händen.« Das rührt und überzeugt mich überhaupt nicht. Im Gegenteil, ich möchte einen Schauspieler, der Mittel mitbringt, die von ihm geprägt, durch Erfahrung positiv gezeichnet sind. Genauso wie man sich für die Besteigung eines Berges Freunde sucht, die schon von Erfahrungen und Erlebnissen geprägt sind. Man bewältigt den Himalaja nicht mit Anfängern. Ich brauche also eine Mischung: den Schauspieler, der über Mittel verfügt, die aus der Erfahrung herrühren, und der gleichzeitig seine Unschuld nicht verloren hat. Das ist etwas, das nicht einfach zu finden ist. Wenn man reine Schauspieler ohne Erfahrung hat, ist es nicht interessant. Und die großen Profis, die sehr stolz auf ihre Professionalität und ihre Kompetenz sind, aber ohne diese Unschuld und diese Öffnung sind, befriedigen mich auch nicht.

Ortolani: In Ihrer Art zu arbeiten – ich gebrauche absichtlich nicht den Begriff »Methode«, denn genaugenommen haben Sie keine –, spielt die Improvisation eine entscheidende Rolle. Doch habe ich den Eindruck, daß für Sie die Improvisation mehr ein Ziel als ein Mittel ist.

Brook: Sie ist beides. Sie ist ein Mittel, das zu einem Ziel führt. Der Schauspieler, der sich versteckt, fürchtet sich vor der Improvisation, weil man sich in der Improvisation ent-

hüllt. Vor allem in der echten Improvisation, die wirklich ohne
Struktur ist, wird der Schauspieler vom Augenblick selbst,
von der Erregung des Moments beansprucht und hat keine
Zeit nachzudenken. Also zeigt er sich, liefert sich aus. Wenn er
sich weigert, sich auszuliefern, wenn er nicht die Mittel oder
die Phantasie oder die Freiheit hat, sich hinzugeben, improvisiert er schlecht. Um gut zu improvisieren, muß man sehr
schnell, sehr offen und zu allem bereit sein. Aber am Anfang
der Arbeit ist die Improvisation nicht unbedingt von sehr ho-
her Qualität. In diesem Moment ist sie ein Mittel, das dem
Schauspieler hilft, offener, schneller, sensibler zu werden. Sie
ist also ein sehr wichtiges Arbeitswerkzeug. Aber wenn der
Schauspieler wirklich von der Improvisation durchdrungen
ist, kann er zu einer genauen Arbeit gelangen, die gleichzeitig
eine Improvisation ist. Das ist ein Paradox, das überhaupt
nicht paradox ist. Das ist zum Beispiel die Basis der indischen
Musik, in der die Regeln unglaublich streng und präzise sind
und der Spieler um feste Punkte herum improvisierend vorgeht. Man kann sagen, daß die Improvisation ein Ziel ist,
wenn man unter improvisieren lebendig sein versteht.

Ortolani: 1971, nach *Orghast*, haben Sie gesagt: »Ich glaube heute nicht mehr sehr an das Wort, weil sein Zweck über-
holt ist.« Ist das immer noch Ihre Auffassung? Welche Rolle
spielen der Text und das Wort in Ihren Inszenierungen?

Brook: Ich habe diesen Satz in einem bestimmten Augenblick meines Lebens gesagt, aber im Theater geht das Leben
weiter, das Theater ist in ständiger Bewegung, und es besteht
immer die Gefahr, daß eine Sache übertrieben wird. Zu Beginn meiner Arbeit bis hin zu dem Moment, in dem wir die
ersten Übungen des ›Theaters der Grausamkeit‹ machten,
war das Theater in England vom Text beherrscht, und der
Körper wurde vollkommen vergessen. Die großen Schauspie-

ler konnten sich nicht bewegen, die jungen Schauspieler waren steif wie Besen, und das war normal. Plötzlich hat man verkündet, daß der Körper das einzige ist, was zählt, und diese Bewegung hat rasch eine übertriebene Form angenommen. In der Zeit, in der wir unsere Arbeit am Lamda Theater begannen, konnte ich mich davon überzeugen, daß es viele Aspekte im Theater gibt, und seither habe ich viel über das Wesen dieser Aspekte, die wir gesucht haben und die wichtiger sind als der Text im engen Wortsinne, gesprochen und geschrieben. Um uns von der Macht des Textes zu befreien, haben wir die Arbeit an allem, was kein Text war, sehr weit getrieben. Wir haben uns damit gleichzeitig einem Phänomen unserer Epoche, die eine Epoche der Bilder ist, gestellt, nämlich, daß die Spannung, die man dem Wort verleihen kann, vom Bild aufgesogen und ihm dann nach einiger Zeit wiedergegeben wird. Denn zur Zeit ist man überall so von Bildern übersättigt, daß das Wort und der Text wieder an Interesse gewinnen und wieder lebendiger werden. Aber das alles ist in ständiger Bewegung, und man muß unentwegt darauf achten, das Gleichgewicht wieder neu herzustellen.

Ortolani: Wie sehen Sie die Position des Theaters in einer Welt, die immer mehr von Medien beherrscht wird?

Brook: Ich glaube, daß es in dieser Situation zwei Richtungen für das Theater gibt. Es gibt die unvermeidliche Richtung, die zu allen Zeiten da war: die des Theaters als Spektakel. In England sieht man die wachsende Nachfrage an spektakulärem Theater beispielsweise daran, daß der Bühnenbildner, der Beleuchter, der Techniker immer wichtiger wird und daß viele begabte Leute in diesen Berufen zu finden sind. Das Theater als Schaustellung ist beeinflußt von den Medien und entwickelt sich in deren Richtung. Aber das macht ein anderes Theater noch notwendiger, ein Theater der

Basis, das ein minimales Theater ist und das auf der menschlichen Beziehung beruht. Der menschliche Kontakt ist die einzige unentbehrliche Wirklichkeit. Dies ist das Theater, das wir suchen: das Theater, das zu den Quellen geht. In gewisser Hinsicht kann man sagen, daß heute weder die eine noch die andere Bewegung aufzuhalten ist. Das spektakuläre Theater wird sich weiterentwickeln, mit all seinen Nachteilen, die darin bestehen, daß es immer teurer, immer organisierter, immer gewerkschaftlicher usw. wird. Es ist unwichtig, ob man das nun gut oder schlecht findet, es wird so ablaufen, man sieht es überall. Dazwischen in der Mitte, und damit auf gefährlichem Terrain, gibt es noch ein anderes Theater, welches vielleicht zu sehr das große, spektakuläre Theater nachahmt, ohne wirklich großes, spektakuläres Theater zu sein, und in dem die menschliche Seite von zuviel Mitteln erdrückt wird.

Ortolani: Neben dem Theater haben Sie auch Filme gemacht, und Sie haben einmal gesagt, daß »das dramatische Spiel unserer Zeit beim Film Unterricht nehmen« sollte. Wie sehen Sie die Wechselwirkung zwischen Theater und Film? Was kann das Theater vom Film lernen und umgekehrt der Film vom Theater?

Brook: Ich werde mich auf das Spiel beschränken. Bis zum 19. Jahrhundert war allen Schauspielern bewußt, daß die Basis des Theaterspiels darin besteht, eine sehr verinnerlichte Erfahrung zu veräußerlichen, damit sie ins Innere des Zuschauers eindringen kann. Das Theater ist also ein Instrument, einer großen Anzahl von Personen etwas sehr Intimes mitzuteilen. Doch benötigt man dazu große Mittel. Im antiken griechischen Theater beispielsweise war der Schauspieler, der auftrat, nicht größer als eine Ameise, und er mußte zwanzigtausend Personen sehr intime Gefühle mitteilen. Es versteht sich von selbst, daß ein solches Spiel große Mittel verlangt. Man braucht nicht nur einen sehr mächtigen Text, sondern auch eine sehr kräftige Stimme, sehr starke Gesten und Ausdrucksmittel, damit diese Innerlichkeit sich veräußerlicht, um dann vom Zuschauer wieder verinnerlicht zu werden. So wurden auf ganz legitime Art die großen Mittel erforderlich, und für uns muß der Schauspieler die große Stimme, die große Geste usw. haben. Aber all das ging auf Kosten – außer im Falle der großen Genies, wie der Duse oder Talma – einer intimen Wirklichkeit. Man konnte nicht beides haben.

Im Kino sieht man in einem professionellen Film fast nie Leute, die schlecht spielen – schlecht im theatralischen Sinne. Selbst der mittelmäßigste Regisseur kontrolliert seine Schauspieler, und der Schauspieler kontrolliert sich selbst, damit sein Spiel einem Kriterium entspricht, das jedes Publikum kennt und das lautet: »Ist es wie im Leben? Ist es natürlich?« Das bedeutet, daß in einem Film manchmal die Amateure, die Nicht-Schauspieler, perfekt sind. Die guten Schauspieler müssen ihre Mittel zurückhalten, doch was gewinnen sie dafür? In der Großaufnahme, in der alles reduziert sein muß, gibt es die Tradition des intimen Details, die vorher überhaupt nicht vorstellbar war. Bei einem großen Filmschauspieler kann man bis zu dreißig innere Ausdruckswechsel in einer Großaufnahme sehen, die zwanzig oder sogar nur zehn Sekunden dauert. Was einen sehr guten Schauspieler so faszinierend macht, ist, daß man ihn sieht und gleichzeitig spürt, daß diese Person lebt. Innerhalb einer Sekunde sieht man diese ganze Artikulierung des Gedankens und des Gefühls, die im Innern einer Person abläuft. Der reine Filmschauspieler ist nicht unbedingt qualifiziert, wenn er im Theater diese Mittel einsetzt, um die große Geste zu füllen. Aber der heutige Theaterschauspieler ist gezwungen, diesen neuen Aspekt, diese

Notwendigkeit, sein Spiel auf eine viel detailliertere Art zu entwickeln, zu berücksichtigen. Die Theaterschauspieler lernen dank des Films.

Als wir *Die Tragödie der Carmen* in Szene gesetzt haben, waren wir konfrontiert mit der künstlichen Welt der Oper, in der ein Raum mit Dingen ausgefüllt wird, die man im Leben nie sieht, und in der Leute sprechen, indem sie singen. Wir mußten etwas vollständig Neues für die Opernsänger finden, die von einer Spielart geprägt sind, die aus dem 19. Jahrhundert stammt, mit großen Gesten usw. Unsere ganze Arbeit bestand darin, die Sänger zu den kleinen psychologischen Details eines jeden Augenblicks zu führen und die große Geste, aus der sich der Gesang ergibt, damit zu verbinden, damit zu nähren. Ich halte es für notwendig, das Kino als gesunden Bezugspunkt ins Theater einzuführen, denn es dämmt das zu theatralische Spiel des Schauspielers ein und gestattet ihm, seine Stimme, seine Beine und seinen ganzen Körper auf eine vollständig freie Art zu benutzen, um zu einem Spiel ohne Künstlichkeit zu gelangen, zu einem Spiel, das natürlich und nicht naturalistisch ist. Es kann also eine sehr interessante Wechselbeziehung zwischen dem Theater und dem Film entstehen.

Gespräch mit Jean-Claude Carrière
Ein großer Luxus

Olivier Ortolani: In den letzten fünfzehn Jahren haben Sie für Peter Brook Übersetzungen und Bearbeitungen *(Timon von Athen, Maß für Maß, Der Kirschgarten, Die Tragödie der Carmen)* sowie Dramatisierungen epischer Werke *(Der Knochen, Die Konferenz der Vögel, Mahabharata)* hergestellt. Wie sieht Ihre Zusammenarbeit mit Peter Brook aus, und hat sie sich im Laufe der Jahre verändert?

Jean-Claude Carrière: Es ist ein großer Luxus, mit Peter zusammenzuarbeiten. Aus mehreren Gründen. Eines der wichtigsten Kennzeichen unserer Arbeit ist, daß es keine deutliche Grenze zwischen dem Schreiben und dem Inszenieren und zwischen der Inszenierung und der Aufführung gibt. Es gibt keinen Moment, in dem wir sagen: Der Text ist fertig, jetzt werden wir anfangen zu inszenieren. Und keinen Moment, in dem es heißt: Die Inszenierung ist fertig, jetzt werden wir anfangen zu spielen. Das ist die berühmte Beweglichkeit, von der immer gesprochen wird, wenn es um Peter Brook geht. Für mich als Autor ist das eine außergewöhnlich angenehme Sache, denn er kämpft gegen etwas, das immer die Gefahr Nummer eins des Autors ist: die Einsamkeit. Wenn wir uns entschlossen haben, dieses oder jenes Projekt zu realisieren – ob es nun drei Monate oder zehn Jahre, wie im Falle des *Mahabharata*, dauert –, ist Peter im Augenblick des Schreibens immer bei mir. Das nenne ich einen gewissen Luxus, denn wenn es beispielsweise um Shakespeare geht, gibt es niemanden auf der Welt, der ihn besser kennt als er. Nicht auf gelehrte, professorenhafte, sondern auf intime, sehr tiefe Weise.

Entweder funktioniert unsere Zusammenarbeit auf ungleichen Ebenen – wie im Falle von Shakespeare, da er ihn viel besser kennt als ich und mir außergewöhnlich viel helfen kann –, oder aber wir machen gemeinsam eine Entdeckung, wie bei der *Konferenz der Vögel* oder dem *Mahabharata*. Dann sind wir einer wie der andere frisch und unwissend, wie unerfahrene Kinder, die ein neues Terrain entdecken. Er ist immer erreichbar, ich kann ihn jederzeit anrufen, kann jederzeit zu ihm hingehen. Er schlägt mir Bücher vor, er schickt mich auf Reisen, er versucht, mir so viel wie möglich bei meiner Schreibarbeit zu helfen, er gibt mir Ideen für diese oder jene Szene. Für den *Mahabharata* beispielsweise habe ich ihm und zwei von unseren Mitarbeitern verschiedene Szenen im Flugzeug oder in indischen Flughäfen vorgelesen. Ich erinnere mich an eine Lesung im Lichterschein einer kleinen Lampe in einem Taxi in Madras, als die Nacht hereinbrach und wir in einem Verkehrsstau blockiert waren. Etwas Ähnliches habe ich früher auch als Drehbuchautor mit Buñuel erlebt. Zusammenarbeit heißt mehr als nur Zusammenarbeit, es heißt zusammen leben.

Bei Beginn der Inszenierungsarbeit wird mir nicht gesagt: »Deine Arbeit ist zu Ende, du kannst jetzt gehen.« Nein, ich bin praktisch die ganze Zeit anwesend. Während der gesamten Proben komme ich regelmäßig, gewöhnlich gegen Ende des Tages, um zu sehen, welche Probleme an diesem Tag aufgetaucht sind, und um zu versuchen, sie zusammen mit den Schauspielern, den Technikern und Peter zu lösen. Er ist beim Schreiben zugegen und ich beim Inszenieren, und beide sind wir mindestens bei den ersten fünfzig Aufführungen anwesend.

Der zweite Luxus besteht darin, ein Theater und Schauspieler zu haben. Es ist ein unvergleichliches Privileg, unmittelbar nach der Niederschrift einer Szene erleben zu können, wie sie mit Schauspielern und Regisseur leibhaftig Gestalt annimmt. Diese neue Szene zu fühlen, sie in Augenschein nehmen zu können und sogar – und das habe ich bis jetzt nur mit Peter Brook gemacht, er bittet mich darum – daran teilzunehmen, die Szenen mit den Schauspielern durchzuspielen. Da ich oft genug Schauspieler gewesen bin und selbst erproben muß, was ich geschrieben habe, ist es mir möglich, mich voll und ganz hineinzustürzen, ich gehe aber auch das Risiko ein, Probleme zu entdecken.

Dieses Ausprobieren haben wir beim Vorsprechen zum *Mahabharata* bis zum Äußersten getrieben. Peter hat für den *Mahabharata* mehr als ein Jahr lang Vorsprechsitzungen abgehalten. Er läßt nicht nur einen einzigen, sondern immer eine Gruppe von Schauspielern vorsprechen. Derjenige, den er sehen will, befindet sich inmitten einer Gruppe von Schauspielern, die er zum ersten Mal sieht, und von Schauspielern, die er seit langem kennt. Er sorgt dafür, daß sich alle vollkommen entspannen und sich wohl fühlen, und macht mehrere Stunden lang Übungen mit ihnen. Es geht dabei nicht darum, Peter Brook etwas vorzurezitieren.

Beim *Mahabharata* habe ich an allen Vorsprechsitzungen mit allen Schauspielern teilgenommen. Ich gehörte der Gruppe der Schauspieler an, und den Neuankömmlingen wurde nicht gesagt, daß die zu spielende Szene gerade erst existierte und daß nicht nur die Schauspieler, sondern auch die Szene auf die Probe gestellt wurden. Ich habe alle Figuren des *Mahabharata* in den verschiedenen Szenenversionen gespielt.

Dabei hat sich bestätigt – was ich bereits wußte –, daß bestimmte Szenen in zehn Minuten geschrieben und niemals mehr variiert werden. Die Szene *Kunti-Karna* im dritten Teil ist rasch, in weniger als einer Stunde, geschrieben worden und hat sich seither nicht mehr um ein Wort verändert. Andere Szenen dagegen habe ich fünfundzwanzigmal neu geschrieben, wie beispielsweise die Szene von Krishnas Erwachen im ersten Teil, diese sehr entscheidende Szene, in der er sagt: »Die Welt braucht einen König.« Es ist eine Szene, die das ganze Stück in Gang bringt; vielleicht wird sie noch einmal neu geschrieben werden.

Der dritte Luxus besteht für mich in der Möglichkeit, an allen Übungen der Gruppe teilzunehmen. Beim *Mahabharata* habe ich zwei Monate lang jeden Morgen körperliche Übungen, Kung Fu, Bogenschießen, Musik und Improvisationen mitgemacht. Es bedeutet für einen Autor, wenn er es liebt, eine außergewöhnliche Möglichkeit, in einer Gruppe zu arbeiten.

Ortolani: Die Gruppe übt demnach eine entscheidende Funktion bei der Herstellung des Textes aus. Machen die Schauspieler auch Textvorschläge, und schreiben Sie die Rollen bestimmten Schauspielern auf den Leib, oder ergibt sich das eher zufällig?

Carrière: Es gab Momente im *Mahabharata* oder in der *Konferenz der Vögel,* in denen ich den Eindruck hatte, daß die Feder, die ich hielt, eine Gruppe Schauspieler war. Ich arbeitete wirklich sehr eng mit ihnen zusammen. »Stellen wir diesen Dialog doch lieber um. Versuchen wir, es anders zu sagen.« Wir probierten den Text aus, und ich hörte ihren Vorschlägen zu. Aber diese Arbeit mit Schauspielern ist nicht zu realisieren, wenn der Autor nicht auf dem gleichen Niveau ist wie sie, wenn sie ihn nicht auf intime Weise kennen. Wenn er die Übungen nicht mit ihnen gemacht hat, wenn er etwas feierlich und autoritär von außen kommt, wie es Autoren oft tun, denen man zu Recht oder Unrecht mit Ehrfurcht begegnet, weil ihr Wort sozusagen heilig ist, wenn er diese Haltung einnimmt, kann es nicht funktionieren. Genau wie die Schauspieler, muß der Autor sich ins Feuer werfen, muß vergessen, daß er lächerlich, gar grotesk sein kann, und muß sich allen Übungen aussetzen, selbst wenn sie nicht gemacht sind für ihn, für seinen körperlichen Zustand, für sein Alter. Ich glaube, daß sehr wenige Autoren auf diese Weise gearbeitet haben, abgesehen vielleicht von Shakespeare oder Molière, die wirklich einer Truppe angehört haben.

Ortolani: Wie bereitet sich die Gruppe auf die einzelnen Stücke vor, wie stimmt sie sich auf die jeweilige Atmosphäre eines Textes ein?

Carrière: Gemeinsame Erfahrungen mit den Schauspielern sind uns sehr wichtig, wie beispielsweise die Reise nach Indien, die wir inmitten der Proben zum *Mahabharata* alle, der Regisseur sowohl wie das Mädchen, das sich um die Requisiten kümmerte, gemeinsam gemacht haben. Für *Die Konferenz der Vögel* habe ich die Gruppe drei, vier Tage lang in die Mystik, in den Sufismus eingeführt, da sie darüber nichts wußte. Wir haben in aller Tiefe darüber geredet und Beispiele gesucht. Dadurch wurden die Schauspieler der Mystik gegenüber aufgeschlossener. Bestimmte Details im Ausdruck wären vielleicht nicht entstanden, wenn die Schauspieler nicht erfahren hätten, was ein mystisches Abenteuer, was ein mystischer Kontakt ist. Für *Die Tragödie der Carmen* haben wir Zigeuner eingeladen, die mehrere Tage mit uns in den Bouffes du Nord verbracht haben. Ausgangspunkt ist immer wieder das Leben in der Gruppe, das bestimmte Autoren vielleicht nicht akzeptieren, nicht ertragen würden.

Peter verlangt das Beste von jedem seiner Mitarbeiter. Jeder,

der mit ihm zusammenarbeitet, muß seine spezielle Fähigkeit auf das höchstmögliche Niveau bringen. Außerdem sind wir keine Gruppe, die sich jemandem unterworfen hat, sondern eine Gruppe von sich ergänzenden Spezialisten, in der jeder anbietet, was er am besten kann.

Ortolani: Für Peter Brook haben Sie zwei Stücke von Shakespeare übersetzt und bearbeitet. Ist es nicht schwierig, Übersetzungen für jemanden zu machen, der einen so langen und intensiven Umgang mit Shakespeare-Texten gehabt hat, der wie kaum ein anderer um die Verluste weiß, die sich bei der Übertragung vom Englischen ins Französische einstellen?

Carrière: Peter sagt oft, daß Shakespeare in anderen Sprachen besser sein kann als im Original, da Shakespeare im Englischen archaisch klingt. Das Shakespeare-Englisch ähnelt der deutschen oder französischen Sprache des 16. Jahrhunderts. Er hat mir einmal gesagt, daß es auf jeder Seite von Shakespeare zwei Zeilen gibt, die weder ein Schauspieler noch sonst jemand je begriffen hat. Die Schauspieler spielen solche Passagen mit großer Verve, ohne aber zu verstehen, was sie sagen. Bei einer Bearbeitung verschwinden diese Textstellen unweigerlich, denn der Bearbeiter ist gezwungen, sich für einen Sinn zu entscheiden. Vor langer Zeit hat Peter Brook mir einmal gesagt, der schönste *Hamlet*, den er je gehört hätte, sei der von Pasternak auf Russisch gewesen, weil die Sprache eine zeitgenössische gewesen sei. Er meint, daß man alle zehn Jahre eine neue Bearbeitung machen müsse, weil die Sprache veralte, sich abnutze, ihre Farbe sich im Laufe der Jahre verändere.

Die zwei Bearbeitungen von *Timon von Athen* und *Maß für Maß* verlangten tatsächlich viel Arbeit. Ich glaube, daß ich an *Maß für Maß* vierzehn Monate lang jeden Morgen gearbeitet habe. Nicht den ganzen Tag, aber morgens. Es war sehr, sehr schwierig. Die französischen Bearbeitungen beider Texte wären in ihrem Resultat ohne Peters sehr enge Mitarbeit völlig undenkbar gewesen.

Ortolani: Sie haben auch Čechovs *Kirschgarten* neu bearbeitet, obwohl es bereits sechs französische Bearbeitungen gibt.

Carrière: Als die Inszenierung des *Kirschgartens* geplant wurde, glaubte ich, keine Arbeit zu haben, da es schon berühmte Übersetzungen und Bearbeitungen von Elsa Triolet und Arthur Adamov gab. Aber eines Tages, beim Vorsprechen der Schauspieler, hat Peter mich gerufen und mir gesagt: »Hör dir einmal all diese französischen Übersetzungen an. Sie kommen mir sehr platt und sehr leer vor.« Tatsächlich hörte ich eine flache, beliebige, banale Sprache.

Da ich kein Russisch kann, habe ich mit seiner Schwiegermutter, die damals noch lebte, aufs Geratewohl eine Seite aufgeschlagen, und wir haben sie übersetzt. Dabei ging sie Wort für Wort vor, indem sie mich auf Verschiedenes aufmerksam machte: »Dieses Wort befindet sich gewöhnlich hinter jenem, aber Čechov setzt es davor.« Oder: »Dieses Wort ist ein volkstümliches oder ein aristokratisches Wort. Im Munde dieser Figur erstaunt es.« usw. In einem bestimmten Moment sagt beispielsweise Pistchik, der Gutsbesitzer von nebenan, der auf seine Tochter sehr stolz ist, weil sie Nietzsche liest: »Nietzsche, ein Mann mit einem kolossalen Gehirn.« Das Wort »kolossal« gibt es nicht im Russischen.

Čechov hat das deutsche Wort benutzt und es mit einem »k« geschrieben. In den französischen oder englischen Übersetzungen ist zu lesen: »ein Mann mit einer sehr lebhaften Intelligenz«, »einer bemerkenswerten Intelligenz« etc. Diese Formulierungen sind weit entfernt vom Original, sie schwächen

Maß für Maß,
Paris 1978
von links nach
rechts: Bruce Myers,
Mireille Maalouf,
Malick Bowens,
François Marthouret

es ab, und sie können vor allem von keinem Schauspieler gespielt werden. »Ein Mann mit einem kolossalen Gehirn« dagegen füllt den Mund, es kann auf alle möglichen Weisen gespielt werden.

Also haben wir eine neue Bearbeitung hergestellt. Peter ist

sehr pragmatisch. Er will immer sehen, wie die Dinge in der Wirklichkeit funktionieren, ihre konkrete, praktische Seite interessiert ihn.

Ortolani: Sehen Sie Verbindungen zwischen den einzelnen Inszenierungen? Haben *Die Iks*, der *Mahabharata*, Shakespeares *Timon von Athen* und *Maß für Maß* etwas gemeinsam?

Carrière: Es gibt selbstverständlich in Peters Arbeit die Konstante Shakespeare, von der er sich allerdings mehr und mehr entfernt. Er hat Čechov, er hat *Carmen* inszeniert. Aber es gibt eine andere Konstante, die sichtbar wird: Ihn interessieren die fremden, entfernten Kulturen, die afrikanischen, die des Mittleren Orients und die indischen, die wir bis jetzt erforscht haben. Denken Sie an *Die Iks*, an den *Knochen*, an *Die Konferenz der Vögel*, an den *Mahabharata* – vier Inszenierungen, die auf entfernten Themen beruhen, auf Themen, die anderen Kulturen angehören. Dorthin folge ich ihm mit Begeisterung, denn es war und ist noch immer eine der Leidenschaften meines Lebens, in fremden Kulturen nach Gemeinsamkeiten mit der unseren zu forschen. Ich glaube, daß Peter nicht auf Shakespeare fixiert gesehen werden sollte. Vielleicht gilt diese Orientierung für eine bestimmte Phase, und zweifellos bleibt Shakespeare für ihn ein wesentlicher Bezug, vielleicht wird er eines Tages darauf zurückkommen. Aber ich bin sicher, daß der *Mahabharata* Peter rational und emotional mindestens ebensoviel bedeutet wie Shakespeare.

Ortolani: Es fällt auf, daß Brook seit der Gründung des Theaterzentrums in Paris außer Handkes *Kaspar* kein modernes Stück inszeniert hat.

Carrière: Es kommt auf die Betrachtungsweise an, denn *Der Knochen* und der *Mahabharata* sind meiner Meinung nach ganz und gar zeitgenössische Stücke. Peter hat keine Stücke moderner Autoren inszeniert, die schon mal inszeniert worden sind, aber er hat neue Stücke hervorgebracht. Er zieht es vielleicht vor, Stücke statt Autoren zu finden, aber er wird ein unglaublich reichhaltiges Theaterrepertoire zurücklassen, mit Theatertexten, die erst auf seine Initiative hin entstanden sind. Das sollte nicht vergessen werden. Neben den zahlreichen neuen Bearbeitungen der Stücke Shakespeares und der des *Kirschgartens* gibt es *Die Konferenz der Vögel*, die mittlerweile in der ganzen Welt gespielt wird und demnächst in einer Inszenierung von Maurice Bénichou, einem Schauspieler Brooks, in Brasilien herauskommen wird. *Der Knochen* ist ein großer afrikanischer Klassiker geworden. *Die Tragödie der Carmen* ist ein neues Stück geworden, und der *Mahabharata* ist eine unerschöpfliche Quelle für zahlreiche Regisseure, die ein kleines Stück daraus nehmen und daran arbeiten wollen.

Ortolani: Es ist eine Vorliebe für epische Werke festzustellen. *Die Konferenz der Vögel* ist ein persisches Gedicht aus dem 12. Jahrhundert und der *Mahabharata* ein mehr als zweitausendfünfhundert Jahre altes indisches Epos. Es gibt also eine dreifache Entfernung: zeitlich, räumlich und formal. Welche Schwierigkeiten ergaben sich aus dieser dreifachen Entfernung für Sie als Autor?

Carrière: Von der *Konferenz der Vögel* würde ich nicht sagen, daß sie episch ist, sie ist ein Märchen, sie ist nicht dramatisch, es gibt keinen Konflikt zwischen zwei Gruppen von Figuren. Doch der *Mahabharata* ist vom Stoff her sehr dramatisch. In der ersten Stunde sind zwar noch die mythologischen Ursprünge der Familie zu erläutern, doch von dem Moment an, in dem die beiden Vettern existieren, sind die gesamte Ordnung der Welt und das Überleben aller Lebewesen an den familiären Konflikt gebunden. Es ergibt sich eine höchst dramatische Konstellation: Sobald eine Figur die Bühne betritt, birgt sie eine Gefahr für die andere.

Die Frage nach der räumlichen und zeitlichen Distanz ist nicht neu. Ich meine nicht, daß ein Thema, das geographisch und zeitlich entfernt ist, uns nicht mehr berührt. Wenn wir eine heutige Zeitungsnotiz verwenden, heißt das noch lange nicht, daß der Film, der darüber in zwei Jahren herauskommen wird, noch irgend jemanden interessieren wird. Denn wir leben in einer Zeit, in der die Information unaufhaltsam die Information frißt. Permanent kann man verfolgen, wie eine große Nachricht von Tag zu Tag schmaler wird, bis sie verschwunden ist, aufgefressen von einer anderen. Daher ist es manchmal viel beruhigender, sich einem alten Thema zu widmen, dessen Aktualität im Laufe der Zeit immer wieder erneuert wird.

Hinsichtlich der geographischen Entfernung gibt es eine Konstante, die sich nicht nur durch *Die Konferenz der Vögel* und den *Mahabharata*, sondern durch alle unsere Inszenierungen hindurchzieht. Ob wir an der *Tragödie der Carmen* oder am *Kirschgarten* arbeiteten, wichtig war uns immer, die Atmosphäre des Ursprungslandes in der Inszenierung einzufangen. Das betrifft alle Inszenierungselemente, den Text, das Spiel, die Musik. Wie soll die Gegenwart Indiens im *Mahabharata*, die Gegenwart Rußlands im *Kirschgarten*, die Gegenwart Spaniens in der *Tragödie der Carmen*, die Gegenwart Persiens in der *Konferenz der Vögel* dargestellt werden? Diese Frage wird jedesmal neu gestellt und jedesmal neu beantwortet. Manchmal finden scheinbare Ketzereien Eingang, wie zum Beispiel der Gebrauch der Masken in der *Konferenz der Vögel*, obwohl bekannt war, daß im persischen Theater nie Masken getragen wurden. Peter hat Masken aus Bali benutzt, hat aber selbstverständlich im Text, in den Bildern, in den Namen, in der Musik Persisches beibehalten. Das Problem stellt sich uns jedesmal neu, die Grenze zwischen dem Ursprungsland und uns ist veränderbar. Die Bearbeitung des *Mahabharata* erforderte eine sehr genaue Wortwahl, bestimmte Wörter, wie zum

Beispiel christliche und mittelalterliche, mußten vermieden werden. In meiner Einführung zum *Mahabharata* habe ich diesen Vorgang genau beschrieben.

Die Arbeit am *Mahabharata* ist in ständiger Bewegung und dauert nun schon seit mehr als zehn Jahren an. Sie wird wahrscheinlich niemals aufhören, denn ich glaube nicht, daß es jemals ein Nach-*Mahabharata* geben wird. Der *Mahabharata* ist ein Fluß, der sich unaufhörlich verändert, dem immer neue Wasser zufließen.

Jean-Claude Carrière ist einer der bedeutendsten zeitgenössischen Drehbuchautoren. Er arbeitete u. a. mit Luis Buñuel, Volker Schlöndorff und Nagisa Oshima zusammen. Bisher schrieb er zwei Theaterstücke, und seit 1973 arbeitet er regelmäßig mit Brook zusammen, für den er *Timon von Athen* und *Maß für Maß* von William Shakespeare und *Der Kirschgarten* von Anton Pavlovič Čechov neu übersetzte und bearbeitete. Er ist der literarische Betreuer und Bearbeiter der meisten Stücke, die Brook im C.I.C.T. inszeniert hat. Er hat auch die Bühnenfassung des *Mahabharata* hergestellt.

Yoshi Oida
Ein lebendiges Theater für heute

1968 ist Peter Brook von Jean-Louis Barrault, dem Direktor des Théâtre de l'Odéon, eingeladen worden, Shakespeares *Sturm* für das Festival ›Theater der Nationen‹ in Paris zu inszenieren. Peter, den Experimente schon immer gereizt hatten, wollte in dieser Arbeit etwas ausprobieren, was wahrscheinlich vorher noch nie im Bereich des Sprechtheaters gemacht worden war: Er wollte mit Schauspielern verschiedener Nationalitäten zusammenarbeiten. In der Oper oder im Ballett war es etwas Selbstverständliches, Künstler von unterschiedlicher Herkunft in einer gemeinsamen Aufführung zu vereinen. Für das Sprechtheater schien dieser Vorgang dagegen unmöglich zu sein, da die weitverbreitete Ansicht bestand, diese Theaterform beruhe vor allem auf der Sprache und einer fehlerfreien Sprechweise der Schauspieler. Doch trotz großer Schwierigkeiten wollte Peter das Experiment wagen. So bildete er eine Gruppe, die sich zusammensetzte aus jungen Schauspielern der Royal Shakespeare Company, wie zum Beispiel Glenda Jackson, und französischen Schauspielern, wie etwa Delphine Seyrig, Michel Lonsdale und Philippe Avron. Außerdem wollte er drei japanische Schauspieler in diese Gruppe aufnehmen. Peter bat Jean-Louis Barrault, diese drei Schauspieler zu suchen, und Barrault wandte sich daraufhin an einen Literaturprofessor und künstlerischen Berater des Odéon in Japan.

Damals hatte ich noch nie etwas von Peter Brook gehört, und an dem Angebot des Professors interessierte mich in erster Linie die Möglichkeit, nach Paris fahren zu können. Im Büro von Barrault bin ich Peter zum ersten Mal begegnet, und kurze Zeit später haben wir mit den Proben zu Shakespeares *Sturm* begonnen. Da die Mairevolte von 1968 unsere Arbeit unterbrach, gingen wir von Paris nach London, wo wir im Juli einige Vorstellungen dieser experimentellen Inszenierung im Round House zeigten. In dieser Bearbeitung des *Sturms* hatte mir Peter die Rolle des Ariel anvertraut.

Bevor ich mit Peter Brook arbeitete, hatte ich lange Zeit die Techniken des Nô-Theaters studiert, ohne aber deshalb ein Nô-Schauspieler im klassischen Sinne zu sein; ich hatte auch im Film und im Fernsehen gearbeitet und in Japan Theater anderer Ausrichtung gemacht. In meiner Theaterarbeit habe ich mich oft auf alte Techniken gestützt, ich folgte Schritt für Schritt den Richtlinien, die schon vor vierhundert oder fünfhundert Jahren festgelegt worden waren. Da außerdem das moderne japanische Theater das europäische Theater nachahmt, hatte ich bis zu meiner Begegnung mit Brook nur die nachahmende, aber nie die schöpferische Arbeit kennengelernt. Die erste Mitwirkung in einer schöpferischen Produktion, der Arbeit am *Sturm*, unterschied sich in hohem Maße von meinen bisherigen Erfahrungen, denn Nachahmung heißt Wiederholung, und schöpferische Arbeit bedeutet Entwicklung.

Peter Brooks Theater ist ein lebendiges Theater, ein Theater für heute. Damit hat er sich eine sehr schwere Aufgabe gestellt, denn das Theater ist ständig bedroht vom Tod durch die Theorie oder die billige Unterhaltung. Peter stellt sich immer wieder die gleichen Fragen: »Was ist das Theater? Was ist das Theater heute? Besitzt es bestimmte Eigenschaften? Worin besteht seine Kraft?« Er weigert sich nachzuahmen, was vorher schon gemacht worden ist, und er nimmt historische Formen und Inhalte nur auf, um sie zu verändern und daraus etwas Neues und Unbekanntes entstehen zu lassen. Er leistet also Forschungsarbeit. Wer jedoch keine Forschungen betreibt, muß sich fragen lassen, warum er sich dann noch weiter mit Theater beschäftige? Des Geldes wegen? Des Prestiges wegen? Das kann doch nur in eine Sackgasse führen.

In den Proben sagt Peter uns niemals: »So mußt du es machen.« Er zwingt uns zu nichts, er läßt uns vollkommen freie Hand, und er hat eine unglaubliche Geduld. Anstatt zu sagen: »Du mußt jetzt diese Bewegung machen« oder »Du mußt jetzt nach links gehen«, wartet er, bis der Schauspieler selbst die passende Bewegung gefunden hat. Peter läßt den Schauspieler also selbst entdecken, was er letztendlich von ihm haben möchte.

In unserer Arbeit nimmt die Improvisation einen großen Raum ein. Es gibt zwei Auffassungen von Improvisation: Die erste, weit verbreitete, ist romantischer Natur. Sie besagt, daß in der Improvisation alles gemacht werden kann und daß die Teilnehmer vollkommen frei sind. Die andere Auffassung teilen auch wir: Danach sind gewisse Vorgaben für den Erfolg einer Improvisation notwendig. Im japanischen Nô-Theater ist zum Beispiel jede körperliche Bewegung von vornherein festgelegt, jeder einzelne Schritt ist vorgeschrieben. Aber innerhalb dieses sehr strengen Rahmens sind die Schauspieler frei, sie können improvisieren.

Für uns bedeutet improvisieren nicht, beliebig vorzugehen, sondern einen lebendigen Kontakt zwischen dem Schauspieler und dem Publikum zu suchen. Peter fordert uns auf, auch diese Kommunikation zu erproben, das Publikum bilden dann die anderen Schauspieler. Zwischen den Leuten, die etwas machen, und denen, die dabei zuschauen, gibt es etwas Lebendiges, und wir versuchen, diese Lebendigkeit aufzuspüren. Jeden Abend sind Geschichte, Text und Arrangement identisch, und doch gilt es, in jeder Vorstellung Leben darin zu entdecken. Andernfalls verwandelt sich das Theater in einen Computer, es verliert seinen Reiz und fällt der Langeweile anheim. Eigentlich bedeutet improvisieren, das Leben zu entdecken, das zwischen den Schauspielern und dem Publikum im Theater zirkuliert.

Die dreimonatige Reise nach Afrika, die wir 1973 unternommen haben, hat uns sehr viel bei unseren Forschungen geholfen. Wir waren dort meistens mit einem Publikum konfrontiert, das unsere Form des Theaters gar nicht kannte. Wir hatten uns selbstverständlich, bevor wir nach Afrika fuhren, eine Aufführung für ein imaginäres Publikum ausgedacht, aber die Realität des Publikums entsprach ganz und gar nicht unseren Erwartungen, und die Aufführung funktionierte nicht. Wir mußten alles neu erfinden. Eines Tages hatte einer der Schauspieler eine großartige Idee. Er zog seine Stiefel aus und stellte sie vor die Zuschauer, die auf einmal anfingen, Interesse zu zeigen. Denn genauso wie im japanischen sind auch im afrikanischen Theater Stiefel ein Symbol für Reichtum, Kultur und Macht. Von da an gab es eine Verständigung zwischen den Afrikanern und uns, und wir konnten anfangen zu improvisieren. Wir zogen die Stiefel an, die unsere Macht und unseren Reichtum zeigten, und gingen auf und ab. Das verstanden die Leute, und es gefiel ihnen sehr. Gesang fand auch die Gegenliebe unseres Publikums, aber nicht immer fielen die Reaktionen gleich aus. Wenn wir Lieder aus vollem Herzen sangen, in die wir all unsere Gefühle legten, reagierten die Zuschauer positiv. Aber wenn wir moderne Musik spielten, funktionierte die Verständigung überhaupt nicht. Im Grunde kamen nur die einfachen und klaren Darbietungen an, die komplizierten Ideen und Intellektualismen aber hatten keine Chance.

So wie die Reise nach Afrika für *Die Konferenz der Vögel* als Basis gedient hatte, half uns die zwölftägige Reise nach Indien dabei, die Atmosphäre des *Mahabharata* zu erschließen. Selbstverständlich haben wir Kathakali-Aufführungen und andere klassische Formen indischen Theaters gesehen, aber wir wollten nichts daraus entlehnen. Es ging uns vielmehr um ein körperliches und geistiges Erfahren und Begreifen der indischen Kultur.

Im September 1984 haben dann in Paris die Proben zum *Mahabharata* begonnen. Zuerst mußte jeder seine Figur finden und sich dabei zugleich in die Gruppenarbeit einfügen. Da die Schauspieler unserer Truppe verschiedener Nationalität sind, sie unterschiedliche Erfahrungen und Spielstile haben – die einen kommen vom klassischen französischen Theater, andere vom traditionellen japanischen Theater oder vom albanischen oder indischen Tanz –, mußte zuerst eine gemeinsame Grundlage, ein gemeinsames Spiel-Terrain gefunden werden, ohne dabei den besonderen kulturellen Hintergrund jedes einzelnen zu eliminieren.

Im *Mahabharata* habe ich zwei Rollen darzustellen: Drona, einen Kriegslehrer, und Kitchaka, eine Komödienfigur. Drona spiele ich auf eine verinnerlichte Weise, bei der Darstellung des Kitchaka gehe ich vollkommen aus mir heraus. Ich habe versucht, Drona so wenig theatralisch wie möglich zu gestalten und Kitchaka in höchstem Maße zu theatralisieren. Die zwei Figuren sind vollkommen verschieden angelegt. Kitchakas Tod ist eine Komödie und Dronas Tod eine Tragödie.

Bei der Gestaltung einer Rolle ist es wichtig, sich einer speziellen Eigenheit des Theaters bewußt zu sein. Im Gegensatz

Die Iks,
Paris 1975
Vordergrund
von links
nach rechts:
Yoshi Oida,
Andreas Katsulas

zur Malerei und Bildhauerei, die nur den Raum als Dimension kennen, konkretisiert sich die Theaterkunst in Zeit und Raum. Das bedeutet für den Schauspieler, daß sich seine Figur im Laufe einer Aufführung entwickeln muß. Bei einer Aufführungsdauer von neun Stunden kann der Unterschied zwischen dem ersten und letzten Erscheinen einer Figur sehr groß sein. Es gibt demnach eine notwendige Fragestellung für den Schauspieler, die lautet: »Wie kann durch die Entwicklung einer Figur das Interesse des Publikums geweckt werden?«

Es ist für mich einfacher, mir die Welt des *Mahabharata* zu erschließen als die Shakespeares beispielsweise, weil ich als Orientale Affinitäten zur indischen Kultur habe. In der abendländischen Philosophie, die auf den Konzepten von Platon und Sokrates beruht, herrschen die Logik und das Gesetz von Ursache und Wirkung vor. In der indischen Philosophie dagegen gibt es das nicht. Die japanische Kultur folgt aber der indischen Kultur und nicht der griechischen. So verfüge ich für den *Mahabharata* über eine andere Art des Vorverständnisses. Es fällt mir leichter, die Figur des Drona zu begreifen, als die des Hamlet oder des Macbeth.

Die Reibung der verschiedenen Kulturen innerhalb unserer Gruppe ist etwas sehr Aufregendes. In einer homogenen Gruppe, zum Beispiel einer Gruppe, die ausschließlich aus französischen Schauspielern besteht, gibt es weniger Spannungen. Es passiert dort weniger zwischen zwei Schauspielern während ihres Spiels als bei uns, wo die nationalen und kulturellen Unterschiede eine vibrierende und kontrastreiche Grundsituation schaffen. Im Theater aber sind Kontraste immer eine Quelle von Erfindungen und von Leben.

Selbstverständlich würde ich gern perfekt Französisch oder Englisch sprechen, doch ich kann es zu meinem Bedauern nicht. Würde ich akzentlos Französisch oder Englisch sprechen, entstünde jedoch auch ein Nachteil: Meine Sprechweise würde konventionell werden. Wenn ich zum Beispiel auf Englisch »The sky is blue« sage, lädt sich dieser Satz viel mehr mit Sinn auf und wird stärker wahrgenommen, als wenn er von einem Engländer gesagt werden würde.

Die Arbeit an *Orghast* im Jahre 1971 ließ uns begreifen, daß es drei Aspekte der Sprache gibt. Erstens: die Musikalität. Zweitens: den Austausch von Informationen. Drittens: die magische Energie wie bei einem Mantra. Wenn ich meine Muttersprache spreche, vergesse ich manchmal ihre Musikalität und ihre Energie. In einer Fremdsprache hingegen achte ich viel mehr auf diese beiden Aspekte. In unserer Arbeit versuchen wir, die Beschränkung der Sprache auf einen geistigen und intellektuellen Austausch von Informationen aufzulösen. Wenn die Sprache voller Energie ist, wird auch das Theater reicher.

(Diesem Text liegt ein Gespräch zugrunde, das O. Ortolani mit Yoshi Oida führte.)

Yoshi Oida arbeitet seit 1968 mit Peter Brook zusammen. Seine erste Rolle bei Brook war die des Ariel in *Der Sturm* von William Shakespeare. Er wirkte u. a. mit in *Orghast*, in der *Konferenz der Vögel*, *Der Knochen*, *Die Iks* und spielt im *Mahabharata* die Rollen des Drona und Kitchaka. Er inszenierte auch selbst einige Stücke japanischer Prägung: *Amse Tsuchi* (Paris 1978), *Interrogations* (Paris 1979), *Das tibetanische Totenbuch* (Paris) sowie *Die Göttliche Komödie* nach Dante Alighieri in Rom.

François Marthouret
Gemeinsam eine Geschichte erzählen

Im Herbst 1970 gründete Peter Brook das ›Centre International de Recherches Théâtrales‹ in Paris, wofür er Schauspieler
verschiedener Nationalitäten, mit unterschiedlichen kulturellen und theaterpraktischen Erfahrungen aussuchte. Nach
einigen Diskussionen mit Peter nahm ich an einem Arbeitstag
mit den Schauspielern teil. Danach hat Peter mir vorgeschla-
gen, im Centre mitzuarbeiten, was ich bis 1979 getan habe.
Die ersten drei Jahre des Centre waren der reinen Forschung
gewidmet. Unsere Arbeit kreiste um große Themen wie beispielsweise ›Prometheus und die Sonne‹. An diesem Thema,
das unser erstes war, haben wir ein ganzes Jahr lang gearbeitet, und es führte zur Aufführung des *Orghast* im Iran, dessen
Text der englische Dichter Ted Hughes geschrieben hat. Dafür
ließ Peter Brook uns unter anderem Übungen anhand altgrie-
chischer Texte machen, die er ohne Zeichensetzung hatte
drucken lassen und deren Sinn uns vollkommen entging. Mittels der Atmung mußten wir die genaue Bauart der Wörter,
ihren Rhythmus, ihre Melodie und eventuell die Zeichensetzung der Sätze wiederfinden. Dabei waren wir nicht immer
erfolgreich, aber diese Übung half uns, in uns selbst Rhythmus zu entdecken. Oft trafen wir aber auch ins Schwarze. Das
heißt nicht, daß wir genial waren, sondern einfach, daß wir
mit Texten arbeiteten, die geschrieben worden waren, um gesprochen zu werden, und unsere Aufgabe war es, über den

Rhythmus, das heißt etwas Organisches, ihre musikalische Spezifität und den Klang der Wörter zu finden. Dadurch, daß wir mit unserer Stimme Wörter in Bewegung setzten, die wir nicht verstanden, konnten wir uns auch viel mehr auf die Laute dieser Wörter konzentrieren, und wir entfernten uns von der Versuchung, unsere Artikulierung der Laute zu beeinflussen, sie durch einen Sinn zu akzentuieren, den unser Intellekt vorher festgelegt hatte. Durch diese Übung konnten wir anderen, tieferen und älteren Formen des Sinns auf die Spur kommen. Das machte uns Lust weiterzugehen, uns nicht mittels der Wörter unseres gewöhnlichen Vokabulars und unserer gewöhnlichen Sprache auszudrücken, sondern mittels einer imaginären Sprache, die spontan in einer konkreten Tätigkeit des Spiels entstand und die fähig war, einer ganzen Skala menschlicher Phänomene, den verschiedensten Gefühlen und Gedanken Ausdruck zu verleihen. Diese imaginäre Sprache verhalf uns zu einer neuen Spielweise: Wir lernten, uns über den Körper und über die Stimme auszudrücken, ohne daß vorher der Filter des Intellekts in Funktion trat, der die Gedanken aussiebt, die der Schauspieler nur zu illustrieren braucht.

1972 haben wir zum ersten Mal an einem geschriebenen Text gearbeitet, *Kaspar* von Peter Handke, dessen Titelrolle ich spielte. Diese Figur verfügt am Anfang nur über einen einzigen Satz: »Ich möcht' ein solcher werden, wie einmal ein anderer gewesen ist«, und Handke siedelte den Kaspar zu Recht zwischen Buster Keaton und King Kong an. Es war eine sehr spannende Arbeit, da wir uns in einer ersten Phase sehr skrupelhaft an die Anweisungen des Autors gehalten haben, die Aufführungen sich dann aber mehr und mehr vom Originaltext entfernten. Die Tatsache, daß wir dieses Stück außerhalb der Theater, in verschiedenen Umgebungen spielten – vor

Schülern des Polytechnikums genauso wie vor Geisteskranken in einer psychiatrischen Anstalt oder in einer Banlieue oder vor Freunden, die wir einluden –, führte zu einer starken Veränderung der Inszenierung und zu einer weitreichenden Entwicklung unserer kollektiven Persönlichkeit. Eines Tages kam Peter Handke ins Mobilier National, und wir zeigten ihm zwei Aufführungen: das Originalstück, wie er es geschrieben und gewünscht hatte, und dann das Stück, wie es geworden war, mit verschiedenen Ellipsen, unseren Improvisationen und den neuen Bildern, die mittlerweile hinzugekommen waren.

Peter Brook hat den Ruf, ein sehr anspruchsvoller Regisseur zu sein. Er ist aber zuerst anspruchsvoll gegenüber sich selbst. Er fordert von sich, alles zu jeder Zeit in Frage stellen zu können. Er verfügt über eine sehr große Toleranz, Aufmerksamkeit und Neugier und über eine ausgeprägte Fähigkeit, das Material, das wir ihm in unserer Arbeit anboten, aufzunehmen. Er konnte eine Arbeitsatmosphäre schaffen, die es uns erlaubte, alle potentiellen Möglichkeiten ohne Vorurteile zu erkunden, ohne auf eine vorher festgelegte Form mentaler Konzeption zurückzugreifen. Das bedeutet nicht, daß die Intelligenz ausgeschlossen wurde, daß Peter die Schauspieler bat, ihr Gehirn in der Garderobe zu lassen, sondern daß er eine handwerkliche Anstrengung höchsten Grades forderte und eine außergewöhnliche Offenheit gegenüber allem, was um uns herum passierte. Er forderte von uns, die speziellen Mittel des Schauspielers mobil zu machen, unsere Körper, unseren Rhythmus, unsere Atmung, unsere Phantasie.

Peter Brook ist als Regisseur souverän genug, einem Text immer mit großer Demut zu begegnen. Er braucht seine Weltsicht nicht anhand dieses Werkes zu definieren, seine Subjektivität nicht einem Publikum aufzuzwingen. So bedeutet seine

Theaterarbeit nicht eine Darstellung der Welt durch die einzige geniale Sicht des Regisseurs, sondern eine Inbesitznahme des Materials durch die ganze Gruppe. Seine Inszenierungen bauen auf der erfinderischen und imaginären Tätigkeit aller Beteiligten auf, der Text wird von allen gemeinsam auf seine Möglichkeiten und Widersprüche, auf seine Gedankenwelt, seine Musik, seine Themen, seine Ideen hin untersucht. Das aber bedeutet, viel mehr in Gefahr, viel mehr ohne Lösung zu sein in dem Moment, in dem die Arbeit beginnt, und nur wenige Regisseure gehen dieses Risiko ein.

Diese Art zu arbeiten bereitete mir auch Schwierigkeiten. Ich bin faul, und selbst wenn die Faulheit etwas Menschliches ist, so steht doch fest, daß sie einem wenig hilft, wenn man in seiner Arbeit vorwärts kommen will. Ich mußte mich also anstrengen, um gegen meine Faulheit anzukämpfen, denn diese Neugier, diese Offenheit, dieses Engagement und diese Energie, die unsere Tätigkeit erforderte, fielen nicht vom Himmel, sie mußten jeden Tag aufs neue erworben werden. Es galt auch, der Versuchung zu widerstehen, unbescheiden zu sein, nicht mehr auf sich selbst und die anderen zu hören, eine gewisse Art Egoismus und Selbstgefälligkeit zu entwickeln. Auch mußte man vermeiden, aus seinem Spiel eine persönliche Psychotherapie zu machen, sich bewußt oder unbewußt zu sehr auf sich selbst zu konzentrieren. Trotz der Bemühung, sich in viele Disziplinen einzuüben, stellten Schauspieler plötzlich fest, daß ihr Instrumentarium etwas schwach, etwas zu begrenzt war, um auf diese Vergrößerung der Phantasie, auf diese Art von Großzügigkeit in der Arbeit antworten zu können. Wenn man nicht so weit gehen kann, wie man müßte, versucht man häufig, eine Rechtfertigung seiner Grenzen zu finden und es dabei bewenden zu lassen.

Selbstverständlich wurde in jenen Jahren viel von Improvisation gesprochen, nicht nur bei uns, sondern in jeder Form des experimentellen Theaters. Der Begriff Improvisation, der hauptsächlich gebraucht wurde, um eine größere Freiheit im Theater zu bezeichnen, hat viele Arbeitshypothesen, viele Praktiken umfaßt: diejenigen, die aus dem Unterricht Stanislavskijs kamen, ebenso wie die der Commedia dell' arte, des Jahrmarkttheaters oder des Agit Prop. Aber ich glaube, daß Peter Improvisation und Theater als Synonym begreift. Die Improvisation ist kein Rezept und keine Garantie für Authentizität, Schönheit und Wahrheit, denn improvisieren bedeutet, das Risiko einzugehen, nicht zu wissen, was in der Folge geschehen wird.

Wir haben sehr viel improvisiert, insbesondere auf unseren Reisen und mit den Kindern in Paris. Wir erfanden Geschichten, die sich mit dem jeweiligen Ort, den anwesenden Leuten und unseren eigenen Assoziationen beschäftigten. Daraus ging selbstverständlich Anregendes hervor, aber auch monströse Mittelmäßigkeit, in der all unsere Klischees zum Vorschein kamen. Das ließ uns auch entdecken, daß das Theater sich gemeinsam mit dem Publikum erfindet, wir erkannten, wie notwendig die Zuschauer als Partner sind. Heute behauptet das jeder, aber Peter ist einer der wenigen, der es in seiner Theaterarbeit wirklich praktiziert. Aus diesem Grunde haben wir an den verschiedensten Orten gespielt. Wir machten nur Theater mit Leuten, die zuhörten. Die Art, ihnen eine Geschichte zu erzählen, ihre Phantasie anzuregen, ihre Freude zu erwecken, ihre Fragen hervorzurufen – das alles war ein wesentlicher Bestandteil der Dramaturgie.

Das Ziel der Afrikareise war, Leuten zu begegnen, die nicht dieselben kulturellen Erfahrungen wie wir hatten, und über das Theaterspiel zu versuchen, einen Kontakt mit ihnen zu knüpfen. Das führte uns zu den Quellen des Theaters selbst,

Timon von Athen, Paris 1974
Mitte stehend:
François Marthouret

verlangte, daß wir unser Wahrnehmungsvermögen und unsere Mittel neu überprüften. Wir erfuhren, daß wir, ohne die Sprache unserer Zuschauer zu sprechen, im Theater Geschichten erzählen und das Herz der Leute berühren können, ohne dabei unsere Identität verleugnen zu müssen. In Afrika konnten wir uns vergewissern, daß das Theater immer auf einem Austausch beruht zwischen denen, die es machen, und denen, die zuschauen.

Auf unserer Theatersafari ergab es sich zum ersten Mal, daß wir nicht nur zusammen arbeiteten, sondern auch zusammen lebten. Es gab also keine Trennung mehr zwischen dem Pri-

vatleben und dem Leben im Theater, und die Mikrogesellschaft, die wir bildeten, wurde während dieser Reise in mancher Hinsicht auf die Probe gestellt. Aber das Hauptanliegen blieb unsere Arbeit. Sobald man aber in die Tiefe dringt, bemerkt man, daß es keinen Unterschied zwischen dem Privatleben und dem Berufsleben gibt, daß beide sich ähneln. Das gilt für jeden, der versucht, auf den Grund dessen zu kommen, was er tut.

Unsere erste Inszenierung im Theater der Bouffes du Nord war *Timon von Athen* von Shakespeare im Jahre 1974. An dieser Inszenierung haben zwei Gruppen mitgearbeitet: der

Kern von Peters Truppe und Leute, die dem von Jean-Pierre Vincent – Peters Assistent für *Timon* – geleiteten Théâtre de l'Espérance angehörten. Ziel war es jedoch nicht, die Gruppen miteinander zu verschmelzen, sondern gemeinsam eine erweiterte Gruppenarbeit zu leisten. Wir gingen nicht von einem Gleichheitsprinzip aus, das zur Gleichförmigkeit führt, sondern von dem gemeinsamen Bewußtsein, daß im Theater eine Geschichte nur glaubwürdig erzählt werden kann, wenn es dem Ensemble der Schauspieler gelingt, einen Energiefaden gleicher Dichte von Anfang bis Ende zu flechten. Wir erzählten also *gemeinsam* eine Geschichte, darauf kam es uns an und nicht auf individuelle Schauspielerleistungen innerhalb der Inszenierung. Obwohl das Stück auf Timon zentriert ist, ging der Aufbau der Figur wesentlich aus der Arbeit der Gruppe hervor, deren Sprachrohr er gewissermaßen war. Es war wirklich die Gruppe, die Timon schuf. Trotzdem fordert eine Rolle wie Timon ihrem Darsteller viel ab, es ist eine Figur mit Dimensionen, die kein Schauspieler vollkommen ausfüllen kann. Der Schauspieler muß das innere Echo dieser Großzügigkeit Timons, dieser Kraft, dieses Hasses, dieser Phantasie in sich selbst finden. Die Figur des Timon ist also zugleich auf eine sehr intime, persönliche Weise und mittels der Gruppe erarbeitet worden.

(Diesem Text liegt ein Gespräch zugrunde, das O. Ortolani mit François Marthouret führte.)

François Marthouret war von 1962 bis 1964 Schüler am Théâtre National Populaire von Jean Vilar. In der Theatersaison 1969/1970 spielte er den Läuffer im *Hofmeister* von Jakob Michael Reinhold Lenz und den Treplew in der *Möwe* von Anton Pavlovič Čechov – beide inszeniert von Antoine Vitez. Von 1970 bis 1979 arbeitete er mit Peter Brook in Paris zusammen, wo er den *Kaspar* von Peter Handke, den *Timon von Athen* und den Herzog in *Maß für Maß* von William Shakespeare spielte. Zwischen 1979 und 1983 inszenierte er von William Shakespeare *Der Sturm* und (zusammen mit Hortense Guillemard) *Hamlet* und spielte in Stuart Seides Inszenierung des *Sommernachtstraums* Theseus und Oberon. Zuletzt spielte er die Rolle des Garga in Georges Lavaudants Inszenierung von Bertolt Brechts *Im Dickicht der Städte*. Im Film und Fernsehen hat er mit folgenden Regisseuren zusammengearbeitet: Alain Tanner, René Allio, Joris Ivens, Costa-Gavras, Michel Deville, Roger Vadim, Marcel Bluwal, Stellio Lorenzi, Claude Couderc, Peter Kassovitz, Josée Dayan, Michel Favart ...

Bruce Myers
Die Wahrheit des Augenblicks finden

In den späten sechziger Jahren geriet auch im Theater vieles in Bewegung: Etabliertes wurde verworfen, und neue Ausdrucksformen wurden gesucht. In dieser Zeit war ich Mitglied der Royal Shakespeare Company, hatte gute Rollen, ich war jedoch nicht ganz glücklich mit den Möglichkeiten, die mir diese Truppe bot. Als ich dann von Peter Brooks Plan hörte, ein internationales Theaterensemble in Paris aufzubauen und Forschungsreisen in ferne Länder zu unternehmen, war ich begeistert. Mir erschien dieses Projekt als ein großartiges Abenteuer. Außerdem hatte mich Brooks *Sturm*-Inszenierung sehr gerührt, Yoshi Oida und Bob Lloyd hatten mich fasziniert. Die Klarheit der Sprache war überwältigend gewesen. Brooks Art, Shakespeare zu inszenieren, war so kraftvoll gewesen, wie ich es nie zuvor gesehen hatte. Sein *Sommernachtstraum*, den ich zwei Jahre später in einer Voraufführung in einer Schule ohne Kostüme und Requisiten gesehen hatte, war mir ebenfalls als überragendes Ereignis im Gedächtnis haften geblieben.

1970 bin ich Peter Brook zum ersten Mal begegnet. Er lud mich nach Paris zu einem Vorsprechen ein. Den Termin sollte ich selbst bestimmen. Ich hatte gerade wichtige Dinge in Arbeit, doch sagte mir eine innere Stimme, daß ich sofort zu Brook reisen müßte. Ich ließ also alles stehen und liegen und fuhr nach Paris. Etwas später bat mich Peter, der Gruppe beizutreten. Seltsamerweise war mein Vorsprechtermin der letzte gewesen.

Peters Art, an einen Text heranzugehen und Übungen zu machen, blieb mir lange Zeit unverständlich. Die erste Periode des Centre, die geprägt war von der Suche nach einer nichtverbalen Form der Kommunikation, war vor allem eine Zeit des Lernens. Mir fiel es zum Beispiel schwer, Musik zu machen, und bestimmte körperliche Übungen konnte ich nicht ausführen. Ich begann aber zu verstehen, daß ein Schauspieler all das braucht, was wir trainierten, daß er auch singen und tanzen können muß.

Es machte mir damals sehr viel Spaß, in einer Sprache zu arbeiten, die nicht die meine war. Wenn ich Französisch sprach, waren mir Schönheit und Geschichte dieser Sprache egal. Ich ging damit wie mit jener Sprache um, die Ted Hughes für *Orghast* erfunden hatte. Anfangs war es vielleicht beeindruckend, einem Engländer zuzuhören, der sich ungezwungen in einer Sprache bewegte, die er nicht verstand. Die Sprachsituation paßte beispielsweise auch gut zu der Rolle des Alkibiades im *Timon von Athen*. Heute aber sehe ich für mich ein großes Problem darin, ich zweifle wirklich sehr daran, ob es überhaupt möglich ist, eine fremde Sprache jemals so zu beherrschen wie die eigene. In unserer Truppe gibt es Schauspieler, die sehr intensiv an der Vervollkommnung ihrer Sprechweise arbeiten und auch Fortschritte machen, aber dennoch wird ihnen immer eine gewisse Geschmeidigkeit, Kraft und Nuancierung fehlen.

Für mich als Engländer war es natürlich ein besonderes Vergnügen, mit Peter Brook an einem Stück von Shakespeare zu arbeiten. *Timon von Athen* ist mit sehr sparsamen Mitteln in den Bouffes du Nord inszeniert worden. Es war sehr interessant zu sehen, wie Peter über die Arbeit an der Sprache und an der physischen Präsenz der Schauspieler Shakespeares Text vollkommen erschloß. Auch bei der Royal Shakespeare Company wurde Wert darauf gelegt, das Verständnis des Textes zu fördern, doch waren die Ergebnisse nicht so konkret und stringent wie jene, die aus der Arbeit mit Peter resultierten.

Ich glaube, daß das Kino die Art, einem Schauspieler zuzuschauen, verändert hat. Der Film verfügt über außergewöhnlich raffinierte technische Mittel: eine hochkomplizierte Kamera und sehr feine, sehr empfindliche Mikrophone, die die geringsten Nuancen aufnehmen. Im Film wie im Theater aber gilt es, die Wahrheit des Augenblicks zu finden. Im Theater kann der Schauspieler nicht auf technische Hilfsmittel zurückgreifen, um diese Wahrheit herzustellen: Er kann sie nur über die Energie und die Bewegungen seines Körpers gewinnen. Das Theater verlangt eine andere Handwerklichkeit des Schauspielers als der Film.

Es bedeutet mir sehr viel, im *Mahabharata* mitzuspielen, da der Text sehr reich und außergewöhnlich ist. Es kommt darin vieles zur Sprache: die Familie, die orientalische Philosophie, die Liebe, der Krieg… In diesem Epos kann man immer wieder lesen und kann ständig Neues darin entdecken. Wenn ich diese Geschichte erzähle, möchte ich erreichen, daß die Zuschauer die Figuren begreifen und gleichzeitig entdecken, daß es sich nicht um konventionelle Figuren handelt, sondern daß sie eine Dimension besitzen, die über das Normale hinausgeht.

In der englischen Fassung des *Mahabharata* spiele ich Krishna. Ich glaube, daß Peter die Figur besser versteht als ich. Doch hat es keinen Sinn, wenn er mir alles über sie zu einem Zeitpunkt erklären würde, zu dem ich sie selbst noch nicht begriffen habe. Also läßt er mich einige Zeit mit der Figur allein, läßt mich Verschiedenes ausprobieren, schaut meinen

Mahabharata, Avignon 1985

Vorschlägen zu, macht andere Vorschläge und läßt mich eine andere Richtung einschlagen. Letztlich läuft das alles auf einer sehr handwerklichen Ebene ab. Mein Krishna ist der Versuch, eine Gestalt zu schaffen, die weder mir ähnelt noch irgend jemandem, den ich kenne.

In der französischen Version ist Krishna von Maurice Bénichou außergewöhnlich gut gespielt worden. Ich habe sein Spiel als Basis benutzt, doch da wir zwei verschiedene Schauspieler sind, ist meine Darstellung anders als seine geworden. Die Informationen sind identisch, doch die Ausdrucksweise unterscheidet sich. Wenn nächstes Jahr ein weiterer Schauspieler Krishna spielen sollte, wird die Darstellung der Figur wieder anders sein. Die Summe dessen, was wir zu dritt, jeder auf seine Manier, dann hergestellt haben, wird aber immer noch nicht die Figur selbst, sondern eine, wenn auch erweiterte, Annäherung an Krishna sein.

Peter Brook ist auf freundliche Weise fordernd. Es gibt zum Beispiel im *Mahabharata* Passagen, auf die sich die Schauspieler sehr gut vorbereiten müssen. Besonders der dritte Teil mit seinen Kämpfen, Pfeilen und Lanzen ist gefährlich, physisch müssen wir dafür schon sehr gut in Form sein.

Wenn Peter inszeniert, nimmt er sich Zeit für seine Schauspieler, versucht sie zu verstehen und respektiert sie. Er besitzt außergewöhnliche Eigenschaften und ist das genaue Gegenteil jener schlechten Regisseure, die nur an sich denken und deshalb auf Schauspieler zerstörerisch wirken.

(Diesem Text liegt ein Gespräch zugrunde, das O. Ortolani mit Bruce Myers führte.)

Bruce Myers wurde in England geboren. Drei Jahre lang arbeitete er am Everyman Theatre in Liverpool, bevor er Mitglied der Royal Shakespeare Company wurde (1967–1970). Seit 1970 arbeitet er mit Peter Brook in Paris zusammen. Er nahm an fast jeder wichtigen Brook-Inszenierung des Centre International de Créations Théâtrales teil. Er spielte u. a. Alkibiades in *Timon von Athen* und Angelo in *Maß für Maß* von William Shakespeare, Karna in der französischen und Krishna und Ganesha in der englischen Version des *Mahabharata*. Er hat außerdem in mehreren Filmen und Theateraufführungen in Frankreich, England und den USA mitgewirkt. 1981 inszenierte er das jiddische Stück *Der Dibbuk*, in dem er auch mitspielte.

Miriam Goldschmidt
Die Beweglichkeit des Schauspielers
vor dem Unbekannten

1971 fiel mir Peter Brooks Buch *Der leere Raum* in die Hände, in dem er zum Beispiel erzählt, wie er am Anfang seiner Regielaufbahn nachts einmal Kartonfigürchen ausschnitt, um daraus einen Chor zu erstellen, und wie am nächsten Tag auf der Probe das ganze, minutiös ausgeklügelte System zusammenbrach. Es gab in diesem Buch Textstellen, die mir wesentlich erschienen, wie etwa die Beschreibung des sogenannten »toten Theaters«, das ich selbst aus Erfahrung kannte. Beschäftigt hat mich auch sein Vorschlag, einen Satz, beispielsweise aus *Romeo und Julia*, aufzulösen, die Silben zu verändern und die Wörter umzustellen, um dadurch den Text neu zu entdecken. Die Lektüre des »leeren Raumes« machte mir Zusammenhänge bewußt, die ich vorher nur geahnt hatte. Mir war sofort klar, daß ich mit diesem Regisseur unbedingt zusammenarbeiten wollte.

Ich ging also nach Paris. Jeder, den ich traf, erklärte mich für verrückt und sagte mir, Brooks Truppe sei vollzählig, er sei wahnsinnig hart und halte schreckliche Prüfungen ab, die keiner bestehen könne. Nachdem ich im Büro des Centre abgewiesen worden war und schon nahe daran war aufzugeben, hat mir mein Schauspiellehrer Jacques Lecoq eines Tages gesagt: »So, ich gebe dir die Adresse, wo Brook probt. Ich kann nicht für dich garantieren, für dein Glück oder Unglück, aber geh' hin.« So bin ich zum Mobilier National gefahren, einem

Riesengebäude, in dem Gobelins ausgebessert wurden. Dort kam natürlich sofort eine britische Sekretärin auf mich zu und sagte: »Es tut mir leid, aber es ist unmöglich, mit Peter Brook zu sprechen.« Ich blieb stehen, plötzlich drehte sich Peter um, schaute mich an und fragte: »Wer sind Sie?« Ich war sehr ruhig und antwortete: »Ich.« Er fragte: »Was suchen Sie?« – »Sie.« – »Setzen Sie sich bitte.« Dann saß ich mit ihm und all seinen Mitarbeitern in einem Kreis, wurde auf einmal entsetzlich scheu und wußte, daß ich jetzt dazugehörte.

Es ist mein Schicksal gewesen, daß ich nur auf diesem Wege zu ihm gelangen konnte und damit diese ewige Bindung – auch wenn ich zwischendurch mal eine Zeitlang anderswo arbeite – mit ihm eingegangen bin. Ein paar Tage später hat Peter dann mit mir zwei Stunden lang gearbeitet. Er hat sich alle erdenklichen Schwierigkeiten für mich ausgedacht, um zu sehen, wie ich darauf reagieren würde. Wir spielten beispielsweise ›Die Reise nach Jerusalem‹. Wir waren zu dritt, hatten nur einen Stuhl, mußten darum herumgehen, und wenn Peter in die Hände klatschte, mußten wir versuchen, uns hinzusetzen. Wir durften aber nicht rennen, sondern mußten alles entspannt und gelassen ausführen. Den anderen raunte er immer zu: »Macht es ihr schwierig«, und mir flüsterte er ins Ohr: »Sie müssen gewinnen«. Andauernd hat er die Situation angeheizt, die extremsten Möglichkeiten hat er ausprobiert, so daß ich fast verzweifelte. Die Schauspieler haben auf einmal alle möglichen Sprachen benutzt, ich bin aber in die Erfindung irgendeiner Sprache eingestiegen, sprach plötzlich auch Japanisch, obwohl ich diese Sprache vorher noch nie gesprochen hatte. Ich wurde von den anderen angegriffen und in die Enge getrieben. Plötzlich entstanden Figuren aus unserem Spiel, es gab ein Königspaar, und wir begannen regelrecht, ein Stück Weltgeschichte zu erzählen.

Von da an hat mich immer die Frage begleitet: Wie ist das, was man im privilegierten Moment des darstellenden Spiels erlebt, mit dem normalen Leben in Einklang zu bringen? Wie kann man auch außerhalb des Theaters wachsamer und aufmerksamer werden?

Auf unserer Reise nach Afrika haben wir uns intensiv mit unserem Wahrnehmungsvermögen und dem unserer Zuschauer beschäftigt. Wir machten die Erfahrung, all unsere Vorstellungen revidieren zu müssen. Alles, was wir vorbereitet und für gut befunden hatten, wurde auf einmal fraglich. Die Leute lachten, wenn wir glaubten ernst zu sein, und wurden ernst, wenn wir meinten, komisch zu sein. Verständnis entstand meist dann, wenn wir die traditionellen Grenzen des Theaterspiels überschritten. So lernten wir, daß es tatsächlich vollkommen entgegengesetzte Formen des Sehens und des Wahrnehmens gibt. Wir begegneten Leuten, die zwar ihren Kult und ihre Kultur besaßen, aber unsere Form des Theaters nicht kannten und uns deswegen auch mit keinerlei Höflichkeit und Formalität begegneten. Wenn wir schlecht waren, liefen uns die Leute weg, und die Kinder bewarfen sich und uns mit Sand. Aber dann konnte auch wieder das imitierte Grollen eines Löwen urplötzlich das Spiel entzünden und die Aufmerksamkeit aller Anwesenden hervorrufen.

Bei unseren Animationen in Krankenhäusern, psychiatrischen Anstalten, Gastarbeiterstätten in Paris und der Banlieue begegneten wir ebenfalls einem unhöflichen, sehr eigenständigen Publikum. Wir wollten herausfinden, welche Partikel unseres Spiels, unserer Sprache und unserer Energie Leute zu erreichen vermögen, die in Gastarbeiterheimen ihr Leben fristen. Wir konnten dabei erleben, wie wir für die Zeit der Aufführung mit diesen Leuten, die aus den unterschiedlichsten Kulturkreisen stammten, eine Art kommunikativer

Gemeinschaft bildeten. Dadurch haben wir die Beweglichkeit des Schauspielers vor dem Unbekannten, dem kulturell Nicht-Eingeweihten, testen können, und selbstverständlich sind diese Erfahrungen auch in *Die Iks, Timon von Athen* und *Die Konferenz der Vögel* miteingeflossen.

Unser Spiel konnte damit beginnen, daß jemand einen Schuh in die Mitte setzte. Einer der Zuschauer konnte den Schuh wegnehmen und sagen: »Jetzt können wir aufhören. Wir haben kein Thema mehr.« Es konnte aber auch der Anfang einer wahnwitzigen Geschichte sein, in deren Verlauf Zuschauer und Spieler einen engen Kontakt miteinander aufbauten. Das ist hin und wieder tatsächlich passiert, manchmal ist das Spiel aber auch katastrophal zusammengebrochen. Die wichtigeren Erfahrungen sammelten wir übrigens bei solchen Katastrophen. An manchen Orten war es den Leuten völlig egal, ob wir kamen oder nicht; die einen mußten wir bitten, von den anderen wurden wir erwartet. Einmal, als ein ausgezeichneter, weißer Musikant unserer Truppe seine Trommel auspackte, schauten die Schwarzen ihn schon ganz merkwürdig an. Doch als er seine Trommel einrieb, merkten sie, daß er es genauso tat wie sie. Einer von ihnen fing sogleich an, auch seine Trommel einzureiben, und da die Trommel des Weißen eine Sprache sprach, die auch er kannte, entstand blitzschnell eine Brücke, eine Verbindung, eine Kommunikation. Das ist ein Beispiel für die unvergeßlichen Momente unserer Arbeit.

Viele Eindrücke unserer Afrikareise haben wir in einer unserer schönsten Produktionen, den *Iks,* verarbeitet. In einer ersten Phase hat Peter an unserer Arbeit gar nicht teilgenommen. Andreas Katsulas hat sämtliche denkbaren Szenen aus dem Buch von Turnbull, das in Pidgin Englisch verfaßt war, herausgeschrieben, und wir haben diese dann ausprobiert. Nach und nach wußten wir auch, wer welche Figur darstellte.

Daneben fingen wir an zu töpfern und das Grundprinzip des Hüttenbaus zu studieren. Wir lernten, wie man einzelne Stäbe mit Hanf verbindet und sie mit einem Stab gemeinsam hochhebt, und wir konnten dies immer schneller bewerkstelligen, die anfängliche halbe Stunde auf fünf Minuten reduzieren. Wir näherten uns also den Iks durch ganz reale Arbeit. Wir lernten auch die Ik-Sprache ein wenig, so daß wir zumindest frei mit bestimmten Ik-Wörtern umgehen konnten. Als Peter nach ein paar Wochen zu uns stieß, hatten wir etwa hundert Szenen, die wir ihm vorspielen konnten. Seine Arbeit war das Auswählen. Geliebtes und Erfundenes fiel weg, die etwas über hundert Szenen wurden auf zwanzig oder dreißig reduziert. Das Ineinanderfügen der einzelnen Teile, die Herstellung von Verbindungen, die Festlegung von Tempi waren sein Beitrag, der unsere Arbeit abrundete.

Peter plante, Jarrys *Ubu* zu inszenieren, wir wußten jedoch noch nichts davon. An einem Trainingstag schleppte er ein riesiges, langes, dickes Band an, das er dem zukünftigen Darsteller des Ubu um den Bauch wickelte, und plötzlich war Ubu geboren. Ein anderer fand die Kabelrolle, mit der wir wochenlang alles Mögliche erprobt haben. Letztlich ist der *Ubu* in dieser Kabelrolle und in diesem riesigen Band verankert.

Ich habe mich manchmal beklagt, daß Peter nicht genügend auf die Besonderheit der einzelnen Charaktere eingegangen ist und uns in diesem Bereich nicht gefordert hat, sondern vor allem auf musikalische Schnelligkeit Wert legte. Den Umgang mit der Monströsität der Charaktere überließ er uns. Wer sich darauf einließ, der tat es von sich aus, und wenn sich jemand dieser Beschäftigung entzog, so akzeptierte Peter das auch.

Peters größte Forderung an die Schauspieler ist, daß sie einen Teil ihrer selbst hergeben sollen. Andere Regisseure versuchen, ihr Eigenstes den Schauspielern einzuimpfen und sie zu

perfekten Imitatoren zu machen. Peter macht das nicht, wer mit ihm zusammenarbeitet, gibt einen Teil seines Ego nicht an ihn ab, sondern an die Geschichte und an die Zuschauer. Das ist ein schwieriger Prozeß, der mit zunehmendem Alter immer schwerer fällt, insbesondere, wenn man sich seiner persönlichen Wirkung bewußt ist. Ich leide manchmal sehr dabei. Das Geheimnis unserer Gruppe ist, daß wir nicht zu einer einheitlichen Masse verschmelzen: Jeder einzelne bleibt in seiner ganzen Eigenart existent, ist aber letztlich doch nicht mehr erkennbar als Senegalese oder als Miriam Goldschmidt. Er ist Teil eines Riesenprozesses, der immer wieder von vorne beginnt. Wenn an anderen Theatern eine Inszenierung nicht ganz gelingt, beklagt sich der Regisseur über die Schauspieler, diese machen wiederum den Regisseur oder den Autor dafür verantwortlich. Alle gehen davon aus, daß etwas beendet ist, der Regisseur fährt weg, und die Schauspieler werden unters Volk gejagt, wo sie langsam vertrotteln.

Die erste, wesentliche Phase der Probenarbeit wird von Brook vollkommen gegenüber der Außenwelt abgeschirmt, denn selbst der beste Freund eines Gruppenmitglieds könnte eine Irritation, wenn nicht gar eine Zerstörung dessen bewirken, was gerade erst im Entstehen begriffen ist. Die zweite Phase ist die der ersten Kontaktaufnahme und Überprüfung des Erarbeiteten. Der dritte Schritt ist der Neubeginn vor dem Publikum. Peter interessiert sich in hohem Maße für die Reaktion des Publikums auf unser Spiel, und ihn beschäftigt auch die Frage: Was verändert sich bei den Schauspielern in Anwesenheit der Zuschauer? Durch dieses Interesse unterscheidet

Ubu aux Bouffes, Paris 1977
Andreas Katsulas

sich Peter auf markante Weise von den meisten Regisseuren, die ich kenne.

(Diesem Text liegt ein Gespräch zugrunde, das O. Ortolani mit Miriam Goldschmidt führte.)

Miriam Goldschmidt besuchte die Schule von Jacques Lecoq in Paris. 1972 begann sie, mit Peter Brook zu arbeiten. Sie nahm 1973 an der Afrika-Reise des C.I.R.T. teil, trat im *Timon von Athen* von William Shakespeare und den *Iks* auf, spielte 1977 die Mutter Ubu im *Ubu aux Bouffes* nach Alfred Jarry und wirkte 1979 in der *Konferenz der Vögel* mit. 1981/82 trat sie im *Dibbuk* (Inszenierung: Bruce Myers) auf. Danach Aufenthalt an der Schaubühne am Lehniner Platz in Berlin, wo sie in *Kalldewey Farce* von Botho Strauß (Regie: Luc Bondy), Jean Genets *Die Neger* (Regie: Peter Stein), *Ein heißes Herz* von Aleksandr N. Ostrovskij (Regie: Luc Bondy) mitspielte. Am Schauspielhaus Bochum wirkte sie in *Peepshow* von George Tabori (Regie: George Tabori) und *Titus Andronicus* von William Shakespeare (Regie: Manfred Karge/Matthias Langhoff) mit. In der englischen Fassung des *Mahabharata* spielt sie die Kunti, die Mutter der Pandavas.

Gespräch mit Michel Piccoli
Durch Peter Brook habe ich den Beruf des Schauspielers wiedererlernt

Olivier Ortolani: 1963 haben Sie zum ersten Mal mit Peter Brook zusammengearbeitet, als er zusammen mit François Darbon den *Stellvertreter* von Rolf Hochhuth im Théâtre de l'Athénée in Paris inszenierte, Sie spielten die Rolle des Gerstein. Welche Erinnerungen haben Sie an diese Inszenierung, und weshalb gab es zwei Regisseure?

Michel Piccoli: Ich glaube, daß Peter in London beschäftigt war und nicht die Zeit hatte, die Arbeit allein zu übernehmen. Die Inszenierung sollte stark dokumentarischen Charakter haben. Dafür hatte er mit der größtmöglichen Schlichtheit die Bühneneinrichtung entworfen, die aber kein Gericht sein sollte. François Darbon war zwar nicht sein Assistent, aber er führte aus, was er vorher mit Brook besprochen hatte. Und das alles klappte ausgezeichnet. Peter kam ein- oder zweimal pro Woche, sah sich an, wie sich die Arbeit entwickelt hatte, probte mit uns und sprach sicher später mit Darbon darüber. Ich habe ihn damals also nur sehr wenig kennengelernt. Aber ich erfaßte bereits die Wirkungskraft, die Genauigkeit, die Energie, die große Intelligenz seiner Theaterarbeit.

Die Inszenierung wurde ein Riesenerfolg, aber es war mehr als nur ein Theatererfolg. Es war ein politisches Theaterereignis, das sehr viel Aufsehen nicht nur in Paris, sondern in der ganzen Welt erregte. Peter war es gelungen, die Schauspieler zu einer Art Strenge und Nicht-Theatralität hinzuführen; wir spielten auf eine zurückgenommene Art, die kälter und objektiver nicht hätte sein können. Das Stück war bereits eine außergewöhnliche öffentliche Stellungnahme, und es konnte nicht darum gehen, daß die Schauspieler oder die Inszenierung daraus eine großartige Show machten.

Ortolani: 1981 haben Sie, nach längerer Abwesenheit vom Theater, die Rolle des Gaev in Čechovs *Kirschgarten* übernommen. Wie ist es zu dieser Zusammenarbeit mit Brook gekommen?

Piccoli: Brook hatte mich durch unsere gemeinsame Arbeit am *Stellvertreter* gewiß in guter Erinnerung behalten. Ich jedenfalls hatte ihn in wundervoller Erinnerung, und ich wollte seit langem wieder am Theater arbeiten. Ich habe in meinem Leben viel Theater gespielt, und die Filmarbeit ist nur ein zweiter Beruf. Das Theater ist vital, es ist eine unentbehrliche körperliche und geistige Übung für einen Schauspieler, andernfalls wird der Schauspieler eine Schachfigur oder ein Mechanismus. Doch niemand schlug mir etwas vor, alle glaubten, ich hätte das Theater verraten. Eines Tages rief Brook mich an und fragte mich: »Würdest du den Gaev im *Kirschgarten* spielen wollen?« Ich sagte: »Ja. Wann? Wo?« Er: »Komm, wir wollen uns treffen.« Und er erklärte mir: »Für den Gaev hatte ich bereits einen Schauspieler ausgesucht, aber es hat sich anders ergeben.« Ich sagte: »Aber wann soll ich anfangen?« Er: »Du kannst morgen kommen. Wir haben bereits mit den Proben begonnen.« Und ich sagte: »Ja, sofort.« Ihm habe ich meine Wiedergeburt am Theater zu verdanken. Durch Peter Brook habe ich meinen Schauspielerberuf wiedererlernt.

Ortolani: Als ich die Inszenierung sah, hatte ich den Eindruck, Schauspieler vor mir zu haben, die sich sehr gut kannten und seit langem zusammenarbeiteten. Dabei war es das erste Mal, daß sie zusammen spielten. Es war, als ob eine geheime Strömung zwischen den Schauspielern hin- und herfließen würde, es war eine Atmosphäre der Vertrautheit und des Ensemblegeistes zu spüren.

Piccoli: Es ist noch mehr als nur ein Ensemble, mehr als nur Vertrautheit. In dieser Inszenierung gab es auch eine Leichtigkeit, eine Fröhlichkeit und eine Freude darüber, diesen so unfaßbaren, unerklärlichen Beruf auszuüben. Brook erklärt niemals: Was soll der Schauspieler sein? Was ist die Inszenierung? Wer ist Čechov? Nein, niemals. Bei der Arbeit am *Kirschgarten* wollte er uns einen völlig freien Umgang mit Čechov ermöglichen. Wir sollten nicht belastet werden durch die Größe Čechovs, das Repertoiretheater, das nostalgische, sentimentale Theater, das Theater des slawischen Charmes. Bei Peter gibt es nie Sentimentalität. Ich glaube, daß die Übungen, die er uns machen läßt, auch dazu dienen, die Sentimentalität zu verjagen, die man gegenüber sich selbst haben kann, gegenüber der Figur, die man spielt, gegenüber dem Partner und auch Peter gegenüber, denn er hat keine Lust, von Schauspielern umgeben zu sein, die sagen würden: »Das ist Peter Brook. Oh, Meister.« Peter ist jemand, den man sofort duzt, und er selbst nimmt an den Übungen teil. Er ist nicht wie ein Professor, der sagt: »Mach jetzt Übungen.« Er macht sie mit uns, und das ist sehr, sehr wichtig.

Ortolani: Brooks Inszenierung zeichnet sich durch die Bewegung, die Heiterkeit, die Grazie im Spiel der Akteure und die Entrümpelung des Raums aus. Sie ist somit konträr zu den traditionellen Čechov-Inszenierungen, deren Hauptmerkmale die Langsamkeit, die Melancholie, das naturalistische Spiel der Schauspieler und die Überschwemmung des Raums mit Möbeln und Gegenständen sind. In den Bouffes du Nord läuft

Der Kirschgarten, Paris 1981
von links nach rechts: Niels Arestrup, Natasha Parry, Michel Piccoli

das Stück außerdem ganz in der Nähe der Zuschauer ab, während normalerweise die Čechov-Stücke nie die Guckkastenbühne verlassen.

Piccoli: Bei Brook findet das Theater immer in unmittelbarer Nähe des Publikums statt. Selbst der *Mahabharata* im großen Steinbruch in Avignon spielte sich direkt vor den Augen der Zuschauer ab. Das ist außergewöhnlich, denn es entsteht der Eindruck, ich bitte um Verzeihung für den Ausdruck, eine großartige Theatershow zu sehen. Der *Mahabharata* enthält gleichzeitig eine starke Intimität und ein riesiges Aufgebot an Kräften, als gäbe es fünfzig Pferde oder zweitausend Krieger. Das halte ich für sehr intelligent. Brook ist fast auf eine animalische Weise intelligent, seine Arbeitsweise ist sehr sinnlich und intuitiv. Er wird immer als unberührbar dargestellt, in Wirklichkeit ist er aber ein Mann, der auf eine sehr einfache, sehr bescheidene Art lebt. Er strahlt eine Art Unschuld aus, ohne aber im mindesten ein naiver Mensch zu sein.

Ortolani: Peter Brook hat mir gesagt: »Für den *Kirschgarten* suchten wir Leute, die eine innere Unschuld, eine fundamentale Reinheit besaßen, die also alle zusammen bereit waren, sich zutiefst vom Stück berühren zu lassen. Und Piccoli oder das Mädchen, das Ania spielte, oder der alte Schauspieler, der Firs spielte, besaßen das alle gemeinsam. Das führte dazu, daß die Arbeit eine wirkliche emotionale Freude für jedermann wurde.« In Brooks Ästhetik spielt die Naivität eine ganz entscheidende Rolle. Wie hat Brook Ihnen geholfen, sich in diesen Zustand der Unschuld und der Verzauberung, der die ganze Inszenierung durchzieht, hineinzuversetzen?

Piccoli: Wer sich über Brook lustig machen will, spricht meist von seinen Übungen. Diese Übungen ähneln denen eines Musikers mit seinem Instrument, seinen Fingern, seinen

Nerven. Peter beruft sich nie auf eine orientalische Disziplin oder Philosophie, obwohl er diese studiert hat. Er hat uns nie von Gurdjieff oder vom Zen-Buddhismus erzählt. Zu unseren Übungen versammelt sich die ganze Truppe, und wir machen Konzentrationsübungen des Auges, des Ohrs, der Gesten und rein körperliche, rein gestische Übungen. Es ist eine Art geistiger und körperlicher Gymnastik in einem. Vor jeder Probe machten wir auch eine halbe Stunde oder eine Stunde Übungen, die darauf zielten, das Verhalten des Bühnenpartners verstehen zu lernen. Die Übungen dienen dazu, einander besser kennenzulernen, um nachher voneinander zu wissen, wie jeder einzelne reagieren kann und was einer vom anderen verlangen kann. Nach und nach treten die Teilnehmer auf angenehme Weise in eine Welt ein, von der sie vorher nichts wissen, von der Brook vielleicht auch nichts weiß, weil die Schauspieler auch mit Überraschungen aufwarten. Er läßt uns suchen, er läßt uns finden, und dabei macht auch er Entdeckungen. Diese Übungen sind eine Art Geheimnis. Sie sind sehr physisch, sehr konkret, fast wie Kinderspiele, und sie ermöglichen es, zur Unschuld zurückzukehren. Damit ist nicht die Rückkehr zum Nullpunkt, sondern zu einem Stadium gemeint, in dem eine um keinen Preis zu entbehrende Naivität zurückgewonnen werden kann. Es ist möglich, sich von den Gewohnheiten, den vorgefaßten Meinungen oder fixen Ideen, die man haben kann, ebenso wie von seinem persönlichen Leben zu befreien.

Ortolani: Wie sind Sie denn an die Figur des Gaev herangegangen?

Piccoli: Ich glaube, daß die Figur des Gaev für sich allein schon ein Kirschgarten ist. Als der Kirschgarten noch in voller Blüte stand, war er bereits ein Mensch, der sich aus jedem Konflikt, aus jeder Frage um die Zukunft heraushielt. Gaev ist auch eine Figur, die vielleicht Čechov ein wenig verwandt ist. Gaev ist ein bißchen Zuschauer von all dem, was um ihn herum vorgeht, und gleichzeitig leiht er allen sein Ohr. Er ist ein Mensch von großer Sanftheit, von großer Zärtlichkeit. Anscheinend ist er derjenige, der immer für alle da ist, mit dem man reden kann. Er hört zu, aber ich glaube, daß er in gewisser Hinsicht sehr egoistisch ist. Er ersetzt den Vater, er ersetzt die anderen, er ist Junggeselle. Er hat in seinem ganzen Leben nie etwas getan. Und er ist auch ein Schelm. Ich bin sicher, daß er seiner Schwester dauernd Streiche gespielt hat und daß er immer gern mit den Kindern gespielt hat. Es gibt etwas sehr Kindliches in dieser Figur. Alle anderen Figuren des Stücks dagegen sind in Trance, leben im Chaos. Er befindet sich nicht im Chaos. Er könnte so etwas wie ein Hauskater sein.

Ortolani: Welche Eigenschaften des Regisseurs Peter Brook würden Sie als besonders markant bezeichnen?

Piccoli: Freiheit und Unabhängigkeit zeichnen ihn aus. Ihm fehlt der Wettbewerbsgeist. Ich glaube, er ist ein Mann, der es versteht, stärker zu sein als die Zeit. Er ist ein luxuriöser Mensch, im edelsten Sinne des Wortes, weil er selbstverständlich den Luxus nie zeigt. Er versteht, ökonomisch zu arbeiten. Er behelligt die Leute, mit denen er arbeitet, nicht mit seiner Aura oder seiner Berühmtheit oder der Arbeit, die er vorher getan hat. Er ist von einer seltenen Diskretion, wenn es um ihn selbst geht. Auf andere Menschen ist er sehr neugierig. Er schaut sich Filme an, er schaut sich Theateraufführungen an, selbst wenn sie meilenweit von seiner Arbeit entfernt sind. Er geht hin, um zu lernen, er ist neugierig auf alles. Viele Leute leben in ihrer prachtvoll geschlossenen Kugel. Er dagegen schaut sich alles an, hört sich alles an, lernt aus allem.

Peter Brook ist ein Kosmopolit, und das ist wundervoll. Man

weiß nicht, ob er Russe, Engländer, Inder oder Franzose ist. Ihm zu begegnen, ist immer eine Freude und eine Bereicherung. Man spricht von ihm wie von einem Theaterpapst, wie von einem Guru, einem Unberührbaren, einem außerirdischen Wesen. Dabei gibt es kaum jemanden, der konkreter ist als er. Während der Arbeit ist er den Mitarbeitern, den Schauspielern, allen gegenüber äußerst aufmerksam. Er ist auch sehr streng, er besitzt eine Autorität, die erschreckend anmuten könnte, wenn man nicht wüßte, daß er auch eine unendliche Schüchternheit und Höflichkeit besitzt.

Er erinnert mich ein bißchen an Buñuel, der zu sagen liebte: »Ich verabscheue die Künstler. Aber Sie sind ein sehr großer Künstler.« Beide sind Männer gleicher Größe, die einen in Erstaunen versetzen, aber die man nicht analysieren kann und soll.

In sein Arbeitssystem einzutreten, heißt Forschungsarbeit zu betreiben, nicht nur am Text oder am Spiel des Schauspielers. Er hat nicht wie Stanislavskij oder Brecht eine Schule gegründet. Man spricht nicht von der Schule, sondern von der Welt Peter Brooks. In der konkreten Arbeit heißt das, daß er seine Projekte sehr lang vorbereitet, sich ihnen sehr behutsam nähert, er aber nie über seine Kultur oder sein Wissen redet. Er läßt die Leute wirklich ins Imaginäre eintreten und in die Frage: Was werden wir hinter diesem Werk finden?

Ortolani: Man hat Brooks *Kirschgarten* als »sehr russisch« bezeichnet. Wie hat die Truppe Zugang zu dieser Atmosphäre gefunden? Über Berichte, Dokumente und Fotografien aus der Zeit, in der das Stück spielt?

Piccoli: Nein, Peter hat uns nur gebeten, Čechovs Erzählungen zu lesen, sofern wir sie noch nicht gelesen hatten. Er hat uns niemals einen Vortrag über die Geschichte Rußlands gehalten. Wichtig für unsere Arbeit war, daß die Mutter von

Natasha Parry, eine Russin, an der Übersetzung von Jean-Claude Carrière mitgearbeitet hatte. Die Kostüme hatte Chloé Obolensky, eine Griechin, entworfen. Es herrschte also eine Art Kosmopolitismus vor, der bewirkte, daß wir nicht mehr in Paris waren. Wir waren in Rußland. Zu der Entfernung von unserer alltäglichen Umgebung trug auch die Leichtigkeit der Arbeitsatmosphäre bei. Die Kargheit der Bühne stand beispielsweise nicht von vornherein fest. Ich erinnere mich an eine Szene im zweiten Akt mit Natasha, in der sie während eines Spaziergangs sagt, sie würde sich gern setzen, ob es eine Bank oder einen Stuhl gäbe? Darauf Peter: »Eine Bank ist umständlich. Aber das macht nichts. Nimm eine Bank.« Und später ist diese Bank verschwunden. Manchmal bat Peter uns auch, zu erzählen oder zu spielen, wie unserer Vorstellung nach die von Čechov geschriebene Szene weiterginge. Also spielten wir manchmal fünf Minuten lang, was sich nach einer feststehenden Szene hätte ereignen können. Wir erfanden Gutes und Schlechtes.

Ortolani: War die Improvisation für die Probenarbeit wichtig?

Piccoli: O ja. Bei der wirklichen Improvisation gibt es immer eine genau festgelegte Linie. Improvisation ist erst möglich, wenn die Grundkonzeption einer Inszenierung bereits erarbeitet worden ist. Die Improvisationen können sich dann frei in alle möglichen Richtungen entfalten, die Konzeption aber bleibt die Basis. Durch die Improvisation wird auch die Konzeption auf ihre Tauglichkeit hin überprüft. Die Improvisation ist nicht einfach mit Inspiration, Talent oder Genie gleichzusetzen, wie häufig angenommen wird. Improvisieren ist wie jonglieren, es gilt, stets das Gleichgewicht zu bewahren.

Ortolani: Erstaunlich ist auch, mit welcher großen Erfindungskraft Peter Brook die räumlichen Verhältnisse der Bouffes du Nord nutzt. Hat diese Nähe zum Publikum, diese sehr offene Bühne Ihr Spiel beeinflußt? Mußten Sie in der Anwendung ihrer schauspielerischen Mittel andere Akzente als sonst setzen?

Piccoli: Peter Brook hat gegen Ende der Inszenierungsarbeit vieles von der Bühne entfernt. Er hat den gesamten Theaterraum ausgenutzt: Alle Figuren traten aus der Tiefe des Saals auf, und der ganze Theaterraum wurde von uns bespielt. Wir eigneten uns die gesamte Theaterarchitektur körperlich an. Wir waren nicht nur auf der Bühne, wir waren überall, wie vermischt mit den Zuschauern. Daraus ergab sich, daß unser Spiel äußerst intim war und zugleich eine große Körper- und Stimmkraft erforderte. Die Bouffes du Nord sind nicht sehr groß, dennoch ergaben sich zwei unterschiedliche Entfernungen zu den Zuschauern. Wir mußten gleichzeitig für die Leute in unserer nächsten Nähe als auch für diejenigen spielen, die weiter entfernt saßen.

Ortolani: Welchen Eindruck hat denn die Verschlissenheit und Ruinenhaftigkeit der Bouffes du Nord auf Sie gemacht?

Piccoli: Man könnte die Bouffes du Nord mit Wagners Theater in Bayreuth vergleichen. Beides sind völlig entrümpelte und scheinbar unpersönliche Orte. Da gibt es nicht diese Gold- und Rotverzierungen und grandiosen Gesimse der anderen Theater, die letztendlich sehr störend wirken. Außerdem gibt es in den Bouffes du Nord nicht die Starrheit des schwarzen Kastens. Die Bouffes du Nord sind gleichzeitig Rundtheater, Guckkastentheater, Zirkus, manchmal erinnern sie sogar an eine Freilichtbühne. Sie sind wie ein unbebautes, leeres Gelände, auf dem es keine Grenzen gibt, und sie bilden doch ein Refugium.

Michel Piccoli arbeitete zuerst jahrelang am Theater, ehe er sich dem Film zuwandte, der ihn zu einem der erfolgreichsten Schauspieler der Welt werden ließ. Er drehte mit international berühmten Regisseuren wie Jean-Luc Godard, Luis Buñuel, Alfred Hitchcock, Marco Ferreri, Claude Chabrol… 1963 arbeitete er zum ersten Mal mit Peter Brook zusammen: in Rolf Hochhuths *Der Stellvertreter*. Als Peter Brook ihn 1981 für die Rolle des Gaev in *Der Kirschgarten* von Anton Pavlovič Čechov verpflichtete, war das für ihn der Neubeginn seiner Theaterkarriere. Seither arbeitet er in regelmäßigen Abständen mit Patrice Chéreau und Luc Bondy am Théâtre des Amandiers in Nanterre.

Lebensdaten

1925	am 21. März in London als zweiter Sohn von Simon Brook und Ida Johnson geboren
1942	Studium am Magdalen College in Oxford. Mit Amateuren inszeniert Brook bereits im Alter von siebzehn Jahren *Doktor Faustus* von Christopher Marlowe.
1944	Beendigung des Studiums. Brook dreht seinen ersten Kinofilm, *Eine sentimentale Reise.*
1945	Beginn seiner Karriere als Theaterregisseur. Er arbeitet für verschiedene Theater und inszeniert zum ersten Mal ein Drama von William Shakespeare, *König Johann.*
1947	Neben seine Arbeiten für das Sprechtheater treten Operninszenierungen, bis 1950 ist er am Covent Garden in London engagiert.
50er Jahre	Brook inszeniert die unterschiedlichsten Stücke verschiedenster Autoren in zahlreichen europäischen Städten und in New York, dreht Kinofilme und arbeitet fürs Fernsehen. Die Inszenierung des *Titus Andronicus* von William Shakespeare mit Laurence Olivier in der Titelrolle erregt 1955 großes Aufsehen.
1962	wird Brook zusammen mit Peter Hall Direktor der Royal Shakespeare Company. Parallel zu diesem Ensemble gründet Brook eine experimentelle Gruppe, das Lamda Theatre.
	In der legendär gewordenen Inszenierung des *König Lear* von William Shakespeare erfolgt der entscheidende Schritt zu einem Theater des »leeren Raums«: Brook verzichtet weitgehend auf Bühnenbild und andere optische Effekte,

er macht den Schauspieler zum Mittelpunkt der Inszenierung.

60er Die Bekanntschaft mit dem polnischen Theaterexperimen-
Jahre tator Jerzy Grotowski und die Auseinandersetzung mit den
Theorien des französischen Theatervisionärs Antonin Artaud beeinflussen Brooks Arbeit mit dem experimentellen Lamda Theatre. Aus dieser Arbeit gehen u. a. Peter Weiss' *Marat/Sade*, die Vietnam-Collage *US* und Senecas *Ödipus* hervor.

1968 Veröffentlichung des Buches *The Empty Space (Der leere Raum)*

1970 verabschiedet sich Brook mit der berühmten Inszenierung des *Sommernachtstraums* (William Shakespeare) ganz vom konventionellen Theaterbetrieb und gründet zusammen mit Micheline Rozan das Centre International de Recherches Théâtrales (C.I.R.T.) in Paris. Mit einer international zusammengesetzten Gruppe von Schauspielern untersucht er drei Jahre lang die Möglichkeiten sprachunabhängiger Kommunikationsformen im Theater.

1971 Die erste Produktion, die auf diesen Forschungen basiert, ist die Inszenierung von *Orghast* in Persepolis, in der eine künstliche, aus diversen Sprachpartikeln zusammengesetzte Sprache benutzt wird, die international verständlich sein soll.

1973 unternimmt Brook mit allen Beteiligten des C.I.R.T. eine dreimonatige Reise nach Afrika (Theater-Safari).

1974 ist die Zeit der Forschungen beendet. Das Centre International de Recherches Théâtrales nennt sich von nun an Centre International de Créations Théâtrales (C.I.C.T.) und erwählt die ›Bouffes du Nord‹ zum festen Spielort. Brook knüpft in seiner ersten Produktion in diesem Theater wieder an seine intensive Beschäftigung mit William Shakespeare an, er inszeniert *Timon von Athen*.

70er Brooks bisher wichtigste Inszenierungen mit dem
und C.I.C.T.: *Les Iks, Ubu aux Bouffes, Maß für Maß, Der*

Knochen, Die Konferenz der Vögel, Der Kirschgarten und *Die Tragödie der Carmen.* Seine neueste Produktion mit dem C.I.C.T., der *Mahabharata,* nach einem altindischen Epos, kam 1985 in französischer und 1987 in englischer Sprache heraus.

Inszenierungsverzeichnis

Originaltitel = O   Produktionstitel = P

Die Rollenbezeichnungen richten sich nach den Besetzungszetteln der Premieren, sofern sie vorlagen. Bei fremdsprachigen Inszenierungen sind nur die rein sachlichen Rollenbezeichnungen, wie z.B. ›Magd‹, ins Deutsche übersetzt worden.

Der Produktionstitel wird nur angegeben, wenn er von den genannten Titeln abweicht.

1942

Doktor Faustus (O: The Tragicall History of D. Faustus, P: Doctor Faustus) von Christopher Marlowe, Torch Theatre, London

1944

Brook dreht den Film *Eine sentimentale Reise (O: A Sentimental Journey)* nach einem Roman von Laurence Sterne

1945

Die Höllenmaschine (O: La machine infernale, P: The Infernal Machine) von Jean Cocteau, Chanteclaer Theatre Club, London. Darsteller: Sigrid Landstad und Frederick Horrey

London, Wimpole Street (O: The Barrets of Wimpole Street) von Rudolph Besier, ›Q‹ Theatre, Kew Bridge, London

Pygmalion von George Bernard Shaw. Eine Inszenierung für die E.N.S.A. (Entertainments National Service Association), die in England und Deutschland auf Tournee geht. Darsteller: Mary Grew (Elsa)

Mensch und Übermensch (O: Man and Superman) von George Bernard Shaw, Birmingham Repertory Theatre, London. Darsteller: Paul Scofield (John Tanner)

König Johann (O: The Life and Death of King John, P: King John) von William Shakespeare, Birmingham Repertory Theatre, London. Darsteller: Paul Scofield (Philip Faulconbridge)

Die Frau vom Meere (O: Fruen fra havet, P: The Lady from the Sea) von Henrik Ibsen, Birmingham Repertory Theatre, London. Darsteller: Paul Scofield (Doctor Wangel), Eileen Beldon (Ellida)

1946

Verlorene Liebesmüh' (O: A Pleasant Conceited Comedie Called, Loves Labours Lost, P: Love's Labour's Lost) von William Shakespeare, Shakespeare Memorial Theatre, Stratfort-upon-Avon. Darsteller: Paul Scofield (Don Adriano de Armado), David King-Wood (Berowne)

Die Brüder Karamazov (O: Brat'ja Karamazovy, P: The Brothers Karamazov) von Fëdor M. Dostoevskij, Bühnenfassung: Alec Guinness, Lyric Theatre, Hammersmith, Premiere: 4.6.1946. Darsteller: Alec Guinness (Mitya)

Geschlossene Gesellschaft (O: Huis clos, P: Vicious Circle) von Jean-Paul Sartre, Übersetzung: Marjorie Gabain und Joan Swinstead, Arts Theatre, London, Premiere: 16.7.1946. Darsteller: Alec Guinness (Garcin), Beatrix Lehmann (Inès), Betty Ann Davies (Estelle)

1947

Tote ohne Begräbnis (O: Morts sans sépulture, P: Men without Shadows) und *Die ehrbare Dirne (O: La putain respectueuse, P: The Respectable Prostitute)* von Jean-Paul Sartre, Übersetzung/Bearbeitung: Kitty Black, Lyric Theatre, Hammersmith, Premiere: 17.7.1947. Darsteller: Mary Morris (Lucie), Betty Ann Davies (Lizzie)

Romeo und Julia (O: An Excellent Conceited Tragedie of Romeo and Juliet, P: Romeo and Juliet) von William Shakespeare, Shakespeare Memorial Theatre, Stratford-upon-Avon, Premiere: 6. 10. 1947. Darsteller: Laurence Payne (Romeo), Daphne Slater (Juliet)

1948

Boris Godunov von Modest Petrovič Mussorgskij, Text: M. P. Mussorgskij nach Aleksandr S. Puškin, Royal Opera House, Covent Garden, London, Premiere: 12. 5. 1948. Musikalische Leitung: Karl Franz Rankl, Bühnenbild: Georges Wakhevitch, Darsteller: R. Davies (Shchelkalof), Paolo Silveri (Boris Godunov), David Franklin (Pimen), Edgar Evans (Dmitri), B. Gibson (Amme), Norville (Shuisky), Constance Shacklock (Marina), Richard Lewis (Simpleton)

La Bohème von Giacomo Puccini, Text: Giuseppe Giacosa und Luigi Illica nach *Scènes de la Bohème* von Henri Murger, Royal Opera House, Covent Garden, London, Premiere: 15. 10. 1948. Musikalische Leitung: Karl Franz Rankl, Darsteller: Paolo Silveri (Marcel), Rudolf Schock (Rudolph), David Franklin (Colline), Geraint Evans (Schaunard), Elisabeth Schwarzkopf (Mimi), Ljuba Welitsch (Musetta)

1949

Die Hochzeit des Figaro (O: Le Nozze di Figaro, P: The Marriage of Figaro) von Wolfgang Amadeus Mozart, Text: Lorenzo Da Ponte, Royal Opera House, Covent Garden, London, Premiere: 22. 1. 1949. Musikalische Leitung: Karl Franz Rankl, Bühnenbild: Rolf Gérard, Darsteller: Geraint Evans (Figaro), Elisabeth Schwarzkopf (Susanna), Eugenia Zareska (Cherubino), H. Braun (Graf), Murray Dickie (Basilio), Sylvia Fisher (Gräfin)

Dark of the Moon von Howard Richardson und William Claibourne Berney, Lyric Theatre, Hammersmith, Premiere: 9. 3. 1949; später im Ambassador's Theatre, London. Darsteller: William Sylvester (John), Sheila Burrell (Barbara Allen)

Die Olympier (O: The Olympians) von Arthur Bliss, Text: John Boynton Priestley, Royal Opera House, Covent Garden, London, Urauf-

führung: 29. 9. 1949. Musikalische Leitung: Karl Franz Rankl, Büh-
nenbild: Bryan, Choreographie: P. Grant, Darsteller: Murray Dickie
(The Cure), Edith Coates (Madame Bardeau), Ron. Lewis (Jean),
Howell Glynne (Joseph Lavatte), James Johnston (Hector de Flo-
rac), Russell (Madeleine), R. Davies (Alfred), Helpmann (Mercury),
Fraser (Venus), Hannesson (Bacchus), David Franklin (Mars),
Margherita Grandi (Diana), Schon (Jupiter).

Salome von Richard Strauss, Text: Oscar Wilde, Richard Strauss,
Übersetzung: Hedwig Lachmann, Royal Opera House, Covent Gar-
den, London, Premiere: 11. 11. 1949. Musikalische Leitung: Karl
Franz Rankl, Bühnenbild: Salvador Dali, Darsteller: Ljuba Welitsch
(Salome), Franz Lechleitner (Herod), Schon (Jokanaan), Constance
Shacklock (Herodias)

1950

*Einladung ins Schloß (O: L'invitation au château, P: Ring Round the
Moon)* von Jean Anouilh, Bearbeitung: Christopher Fry, Globe Theatre, London, Premiere: 26. 1. 1950. Darsteller: Paul Scofield (Hugo,
Frédéric), Claire Bloom (Isabelle), Margaret Rutherford (Mme Des-
mortes)

Maß für Maß (O: Measure for Measure) von William Shakespeare,
Shakespeare Memorial Theatre, Stratford-upon-Avon, Premiere:
9. 3. 1950. Darsteller: John Gielgud (Angelo), Barbara Jefford (Isa-
bella)

Die kleine Hütte (O: La Petite Hutte, P: The Little Hut) von André
Roussin, Bearbeitung: Nancy Mitford, Lyric Theatre, Hammer-
smith, Premiere: 23. 8. 1950. Darsteller: Robert Morley (Philip),
Joan Tetzel (Susan), David Tomlinson (Henry)

1951

*Tod eines Handlungsreisenden (O: Death of a Salesman, P: La Mort
d'un Commis Voyageur)* von Arthur Miller, Théâtre National de Bel-
gique, Brüssel

Wo wir fröhlich gewesen sind (O: A Penny for a Song) von John Whiting, Haymarket Theatre, London, Uraufführung: 1. 3. 1951. Darsteller: Alan Webb (Sir Timothy Bellboys), Denys Blakelock (Lamprett Bellboys), Virginia McKenna (Dorcas Bellboys), Ronald Squire (Hallam Matthews)

Das Wintermärchen (O: The Winters Tale, P: The Winter's Tale) von William Shakespeare, Phoenix Theatre, London, Premiere: 27. 6. 1951. Darsteller: John Gielgud (Leontes), Diana Wynyard (Hermione), Flora Robson (Paulina)

Colombe von Jean Anouilh, Bearbeitung: Denis Cannan, New Theatre, London, Premiere: 13. 12. 1951. Darsteller: Yvonne Arnaud (Mme Alexandra), Joyce Redman (Colombe)

1952

Verfilmung der *Bettleroper (O: The Beggar's Opera)* von John Gay, Produzent: Laurence Olivier, Herbert Wilcox, England, 1953. Drehbuch: Denis Cannan, Verse: Christopher Fry, Kamera: Guy Green, Bauten/Kostüme: Georges Wakhevitch, Künstlerischer Direktor: William C. Andrews, Musik: Arthur Bliss, Choreographie: Frank Staff, Darsteller: Laurence Olivier (Macheath), Dorothy Tutin (Polly Peachum), Stanley Holloway (Lockit), George Devine (Peachum), Sänger: Laurence Olivier, Stanley Holloway, Adele Leigh, Joan Cross

1953

Das gerettete Venedig (O: Venice Preserv'd, P: Venice Preserv'd or, A Plot Discovered) von Thomas Otway, Lyric Theatre, Hammersmith, Premiere: 15. 5. 1953. Darsteller: John Gielgud (Jaffier), Paul Scofield (Pierre), Eileen Herlie (Belvedera)

Die kleine Hütte (O: La Petite Hutte, P: The Little Hut) von André Roussin, Coronet Theatre, New York. Darsteller: Anne Vernon (Susan)

König Lear (O: True Chronicle Historie of the Life and Death of King Lear, P: King Lear) von William Shakespeare, Fernsehproduktion, New York. Darsteller: Orson Welles (King Lear)

Box for One, Fernsehproduktion, London

Faust (O: Faust) von Charles Gounod, Text: Jules Paul Barbier, Michel Florentin Carré, Metropolitan Opera, New York, Premiere: 16. 11. 1953. Musikalische Leitung: Pierre Monteux, Bühnenbild/Kostüme: Rolf Gérard, Darsteller: Jussi Bjoerling (Faust), Victoria de los Angeles (Marguerite), Nicola Rossi-Lemeni (Mephistopheles), Thelma Votipka (Marthe)

1954

Das Dunkel ist licht genug (O: The Dark is Light Enough) von Christopher Fry, Aldwych Theatre, London, Premiere: 30. 4. 1954. Darsteller: Edith Evans (Gräfin Rosmarin Ostenburg)

Both Ends meet von Arthur Macrae, Apollo Theatre, London, Premiere: 9. 6. 1954. Darsteller: Brenda Bruce (Margaret), Arthur Macrae (Tom), Alan Webb (Sir George Treherne), Miles Malleson (Lord Minster)

Das Blumenhaus (O: House of Flowers) von Truman Capote, Alvin Theatre, New York. Musik: Harold Arlen, Darsteller: Pearl Bailey

1955

Jeanne oder Die Lerche (O: L'alouette, P: The Lark) von Jean Anouilh, Übersetzung: Christopher Fry, Lyric Theatre, Hammersmith, Premiere: 11. 5. 1955. Darsteller: Dorothy Tutin (Joan), Richard Johnson (Earl of Warwick), Donald Pleasence (Dauphin)

Titus Andronicus (O: The Most Lamentable Romaine Tragedie of Titus Andronicus) von William Shakespeare, Shakespeare Memorial Theatre, Stratford-upon-Avon, Premiere: 16. 8. 1955; 1957 in London im Stoll Theatre, Théâtre des Nations in Paris und auf Europatournee: Venedig, Belgrad, Warschau. Darsteller: Laurence Olivier (Titus), Anthony Quayle (Aaron), Vivien Leigh (Lavinia)

Hamlet (O: The Tragicall Historie of Hamlet, Prince of Denmarke) von William Shakespeare, Phoenix Theatre, London. Darsteller: Paul Scofield (Hamlet), Diana Wynyard (Gertrude), Alec Clunes (Claudius), Mary Ure (Ophelia)

Das Geburtstagsgeschenk (O: The Birthday Present), Fernsehproduktion, London

Reportage aus Moskau (O: Report from Moscow), Fernsehproduktion, London

1956

Die Kraft und die Herrlichkeit (O: The Power and the Glory) von Graham Greene, Bearbeitung: Denis Cannan und Pierre Bost, Phoenix Theatre, London, Premiere: 5. 4. 1956. Darsteller: Paul Scofield (Priester), Harry H. Corbett (Polizeioffizier)

Der Familientag (O: The Family Reunion) von T. S. Eliot, Phoenix Theatre, London, Premiere: 7. 6. 1956. Darsteller: Paul Scofield (Harry), Sybil Thorndike (Amy), Gwen Ffrangçon-Davies (Agatha)

Blick von der Brücke (O: A View from the Bridge) von Arthur Miller, Comedy Theatre, London, Premiere: 11. 10. 1956. Darsteller: Anthony Quayle (Eddie), Mary Ure (Catherine)

Die Katze auf dem heißen Blechdach (O: Cat on a Hot Tin Roof, P: La Chatte sur un Toit Brûlant) von Tennessee Williams, Übersetzung: André Obey, Théâtre Antoine, Paris. Darsteller: Jeanne Moreau (Maggie)

1957

Der Sturm (O: The Tempest) von William Shakespeare, Shakespeare Memorial Theatre, Stratford-upon-Avon, Premiere: 13. 8. 1957; ab dem 5. 12. 1957 im Theatre Royal, Drury Lane, London. Darsteller: John Gielgud (Prospero)

Himmel und Erde (O: Heaven and Earth) zusammen mit Denis Cannan, Fernsehproduktion, London

Eugen Onegin (O:Evgenj Onegin, P: Eugene Onegin) von Pëtr Ill'ič Čaikovskij, Text: P. I. Čaikovskij und Konstantin Šilovskij nach dem gleichnamigen Versroman von Aleksandr S. Puškin, Metropolitan Opera, New York, Premiere: 28. 10. 1957. Musikalische Leitung: Dimitri Mitropoulos, Bühnenbild/Kostüme: Rolf Gérard, Darsteller: Martha Lipton (Madame Larina), Lucine Amara (Tatyana), Rosalind Elias (Olga), George London (Eugene Onegin), Richard Tucker (Lenski), Giorgio Tozzi (Prinz Gremin), Belen Amparan (Filippyevna)

1958

Blick von der Brücke (O: A View from the Bridge, P: Vue du Pont) von Arthur Miller, Übersetzung: Marcel Aymé, Théâtre Antoine, Paris. Darsteller: Raf Vallone (Eddie), Lila Kedrova (Béatrice)

Der Besuch der alten Dame (P: The Visit) von Friedrich Dürrenmatt, Bearbeitung: Maurice Valency, Lynn Fontanne Theatre, New York. Darsteller: Lynn Fontanne (Claire Zachanassian), Alfred Lunt (Alfred Ill)

Irma la Douce von Marguerite Monnot (Musik) und Alexandre Breffort (Text), Übersetzung: Julian More, David Heneker, Monty Norman, Lyric Theatre, London, Premiere: 17. 7. 1958. Darsteller: Keith Michell (Nestor-Le-Fripe), Elizabeth Seal (Irma)

1959

General Quixotte oder Der verliebte Reaktionär (O: L'hurluberlu ou le Réactionnaire amoureux, P: The Fighting Cock) von Jean Anouilh, Übersetzung: Lucienne Hill, ANTA Theatre, New York. Darsteller: Rex Harrison (General), Natasha Parry (Sophie)

1960

Der Balkon (O: Le balcon) von Jean Genet, Théâtre de Gymnase, Paris. Darsteller: Marie Bell, Loleh Bellon, Roger Blin, Charles Denner

Der Besuch der alten Dame (P: The Visit) von Friedrich Dürrenmatt, Royality Theatre, London, Premiere: 23. 6. 1960. Darsteller: Lynn Fontanne (Claire Zachanassian), Alfred Lunt (Alfred Ill)

Irma la Douce von Marguerite Monnot (Musik) und Alexandre Breffort (Text), Plymouth Theatre, New York, Premiere: 29. 9. 1960. Bühnenbild/Kostüme: Rolf Gérard, Darsteller: Clive Revill (Bob-Le-Hotu), Elizabeth Seal (Irma-La-Douce), Stuart Damon (Frangipane), George S. Irving (Police Inspector), Keith Michell (Nestor-Le-Fripe), Zack Matalon (Jojo-Les-Yeux-Sales), Aric Lavie (Roberto-Les-Diams), Fred Gwynne (Polyte-Le-Mou), Osborne Smith (Persil-Le-Noir)

Moderato Cantabile (O: Sept jours... Sept Nuits), Kinofilm, Produzent: Raoul J. Levy, Iena-Raoul, J. Levy (Paris) und Documento Films (Rom), Frankreich, Italien, 1960. Drehbuch: Marguerite Duras, Peter Brook, Gérard Jarlot nach einer Erzählung von Marguerite Duras, Kamera: Armand Thirard, Künstlerische Leitung: Jean André, Musik: Diabelli, Dirigent: William Robert Sivel, Darsteller: Jeanne Moreau (Anne Desbarèdes), Jean-Paul Belmondo (Chauvin)

1961

Dreimonatige Dreharbeiten für *Herr der Fliegen (O: Lord of the Flies)* nach dem gleichnamigen Roman von William Golding. Produzent: Lewis Allen, Allen Hodgdon, England, 1963. Kamera: Tom Hollyman, Gerry Feil, Musik: Raymond Leppard, Ton: James Townsend, Carter Harman, Mitarbeit Regie: Stella Maude, Darsteller: James Aubrey (Ralph), Tom Capin (Jack), Hugh Edwards (Piggy), Roger Elwin (Roger), Tom Gaman (Simon)

1962

König Lear (O: True Chronicle Historie of the Life and Death of King Lear, P: King Lear) von William Shakespeare, Royal Shakespeare Theatre, Stratford-upon-Avon, Premiere: 6. 11. 1962; ab dem 12. 12. 1962 im Aldwych Theatre, London. Bühnenbild: Peter Brook, Darsteller: Paul Scofield (Lear), Tom Fleming (Kent), Irene

Worth (Goneril), Patience Collier (Regan), Diana Rigg (Cordelia), Alec McCowen (Narr), Brian Murray (Edgar), Ian Richardson (Edmund), Alan Webb (Gloucester)

1963

Die Physiker (P: The Physicists) von Friedrich Dürrenmatt, Übersetzung: James Kirkup, Aldwych Theatre, London, Premiere: 9. 1. 1963. Darsteller: Irene Worth (Mathilde von Zahnd), Alan Webb (Ernesti), Michael Hordern (Beutler), Cyril Cusack (Möbius)

Der Sturm (O: The Tempest) von William Shakespeare, Royal Shakespeare Theatre, Stratford-upon-Avon, Premiere: 2. 4. 1963. Regie: Peter Brook, Clifford Williams, Darsteller: Tom Fleming (Prospero)

The Perils of Scobie Prilt von Julian More und Monty Norman, New Theatre, Oxford. Darsteller: Michael Sarne, Nyree Dawn Porter

Der Tanz des Sergeanten Musgrave (O: Serjeant Musgrave's Dance, P: La Danse du Sergent Musgrave) von John Arden, Théâtre de l'Athénée, Paris. Darsteller: Laurent Terzieff (Musgrave)

Der Stellvertreter (P: Le Vicaire) von Rolf Hochhuth, Théâtre de l'Athénée, Paris. Regie: Peter Brook, François Darbon, Darsteller: Jean Topart (Doktor), Michel Piccoli (Gerstein)

1964

Theater der Grausamkeit, Lamda Theatre, Royal Shakespeare Company, London. I. Teil: Absurde Szenen von Paul Ableman, *Der Blutstrahl* von Antonin Artaud, ein Märchen von Alain Robbe-Grillet, zwei Sketche von Peter Brook: *Das öffentliche Bad* und *Die Guillotine*, eine Szene nach *Die Wände* von Jean Genet, *Ars Longa Vita Brevis* von John Arden und Margaretta d'Arcy, *Hamlet-Collage* von Charles Marowitz. II. Teil: Szenen nach Jean Genets *Die Wände*. Übersetzung: Bernard Frechtman

Die Verfolgung und Ermordung Jean-Paul Marats, dargestellt durch die Schauspielgruppe des Hospizes zu Charenton unter Anleitung

des Herrn de Sade (P: Marat/Sade) von Peter Weiss, Übersetzung: Geoffrey Skelton, Bearbeitung: Adrian Mitchell, Aldwych Theatre, London, Premiere: 20. 8. 1964. Bühnenbild/Kostüme: Sally Jacobs, Musik: Richard Peaslee, Darsteller: Patrick Magee (Marquis de Sade), Clive Revill (Jean-Paul Marat), Glenda Jackson (Charlotte Corday), Clifford Rose (M. Coulmier), Robert Lloyd (Jacques Roux), Susan Williamson (Simone Everard)

1965

Die Ermittlung (P: The Investigation) von Peter Weiss, Übersetzung: Alexander Gross, Aldwych Theatre, London, Premiere: 19. 10. 1965. Lesung durch die Mitglieder der Royal Shakespeare Company, eingerichtet von Peter Brook und David Jones

1966

US, Text von Denis Cannan, Verse: Adrian Mitchell, Aldwych Theatre, London, Premiere: 13. 10. 1966. Bühnenbild/Kostüme: Sally Jacobs, Musik: Richard Peaslee, Mitarbeit Regie: Geoffrey Reeves, Albert Hunt, Dokumente: Michael Kustow, Michael Stott, Darsteller: Glenda Jackson, Mark Jones, Robert Lloyd, Pauline Munro, Clifford Rose, Barry Stanton, Mike Williams, Leon Lissek, Morgan Sheppard, Mike Pratt, Hugh Sullivan, Patrick O'Connell

Verfilmung von *Marat/Sade* nach Peter Weiss, Produzent: Michael Birkett, England, 1966. Drehbuch: Adrian Mitchell, Kamera: David Watkin, Bauten: Sally Jacobs, Kostüme: Gunilla Palmstierna-Weiss, Künstlerische Leitung: Ted Marshall, Musik: Richard Peaslee, Ton: Hugh Strain, Choreographie: Malcolm Goddard, Darsteller: Patrick Magee (Marquis de Sade), Ian Richardson (Jean-Paul Marat), Glenda Jackson (Charlotte Corday)

1967

Erzähl mir Lügen (O: Tell Me Lies), Kinofilm. Produzent: Peter Sykes, Ronorus, England, 1967. Kamera: Jan Wilson, Bauten / Kostüme: Sally Jacobs, Ton: Robert Allen, Dirigent: Michael Reeves, Mitarbeit Regie: Geoffrey Reeves, Darsteller: Mark Jones (Mark), Pauline Munro (Pauline), Robert Lloyd (Bob)

1968

Ödipus (O: Oedipus) von Lucius Annaeus Seneca, Bearbeitung: Ted Hughes, National Theatre at the Old Vic, London, Premiere: 19.3.1968. Regie: Peter Brook, Geoffrey Reeves, Bühnenbild/Kostüme: Jean Monod, Musik: Richard Peaslee, Darsteller: John Gielgud (Oedipus), Irene Worth (Jocasta), Colin Blakely (Creon), Ronald Pickup (Bote), Frank Wylie (Tiresias)

Der Sturm (O: The Tempest) von William Shakespeare, Round House, London, Premiere: 18.7.1968. Darsteller: Yoshi Oida, Robert Lloyd, Natasha Parry, Sylvain Corthay, Philippe Avron, Pierre Jorris, Bernadette Ouffroy

1969

Verfilmung von *König Lear* von William Shakespeare. Produzent: Michael Birkett, Filmways/Athena/Laterna Films, England, Dänemark, 1970. Kamera: Henning Kristiansen, Bauten: Georges Wakhevitch, Kostüme: Adèle Anggard, Darsteller: Paul Scofield (Lear), Irene Worth (Goneril), Patrick Magee (Cornwall), Cyril Cusack (Albany), Tom Fleming (Kent), Alan Webb (Gloucester), Ian Hogg (Edmund), Robert Lloyd (Edgar), Jack MacGowran (Narr), Barry Stanton (Oswald), Annelise Gabold (Cordelia), Susan Engel (Regan)

1970

Ein Sommernachtstraum (O: A Midsommer Nights Dreame, P: A Midsummer Night's Dream) von William Shakespeare, Royal Shakespeare Theatre, Stratford-upon-Avon, Premiere: 27.8.1970; ab dem 10.6.1971 im Aldwych Theatre, London. Bühnenbild/Kostüme: Sally Jacobs, Musik: Richard Peaslee, Darsteller: Alan Howard (Oberon, Theseus), Sara Kestelman (Titania, Hippolyta), John Kane (Puck, Philostrate), Ben Kingsley (Demetrius), Frances de la

Tour (Helena), Christopher Gable (Lysander), Mary Rutherford (Hermia), Philip Locke (Egeus, Quince), Barry Stanton (Snug), David Waller (Bottom)

1971

Orghast nach Texten von Ted Hughes, Shiraz International Festival of Arts, Persepolis, Iran, Premiere: 28. 8. 1971. Bühnenbild/Kostüme: Eugene Lee, Franne Lee, Jean Monod, Musik: Richard Peaslee, Mitarbeit Regie: Arby Ovanessian, Geoffrey Reeves, Andrei Serban, Forschung: Mahin Tadjadod, Darsteller: Malick Bowens (Mali), Michèle Collison (USA), Claude Confortès (Frankreich), Sylvain Corthay (Frankreich), Daniel Kamwa (Kamerun), Andreas Katsulas (USA), Robert Lloyd (England), Paloma Matta (Spanien), Joäo Mota (Portugal), Pauline Munro (England), Bruce Myers (England), Yoshi Oida (Japan), Natasha Parry (England), Irene Worth (England), Lou Zeldis (USA) sowie zehn persische Schauspieler und fünf Musiker

1972

Öffentliche Vorführung von Übungen des C.I.R.T., Théâtre Récamier, Paris, 25. 4. 1972

Kaspar (P: Gaspard) von Peter Handke, Mobilier National, Paris. Darsteller: François Marthouret (Gaspard)

Europatournee des *Sommernachtstraums*

1973

Afrikareise (Algerien, Niger, Nigeria, Dahomey, Mali) des C.I.R.T., Dezember 1972 bis Februar 1973

Amerikareise (Kalifornien – Arbeit mit El Teatro Campesino –, Colorado, Minnesota, New York), Juli 1973 bis Oktober 1973

Welttournee des *Sommernachtstraums* (Japan, USA)

1974

Timon von Athen (O: The Life of Tymon of Athens, P: Timon d'Athè-nes) von William Shakespeare, Übersetzung/Bearbeitung: Jean-Claude Carrière, Théâtre des Bouffes du Nord, Paris, Premiere: 15. 10. 1974. Mitarbeit Regie: Jean-Pierre Vincent, Darsteller: François Marthouret (Timon), Bruce Myers (Alkibiades), Malick Bowens (Apemantus), Maurice Bénichou, Gérard Chaillou, Michèle Collison, Christian Crahay, Paul Crauchet, Jean Dautremay, Miriam Gold-schmidt, Jean-Louis Hourdin, Andreas Katsulas, Alain Maratrat, Yoshi Oida, Alain Ollivier, Jean-Claude Perrin, Alain Rimoux, André Weber, Jean-Paul Wenzel

1975

Die Iks (O: Les Iks) nach *The Mountain People* von Colin Turnbull, Bühnenfassung: Denis Cannan, Colin Higgins, Colin Turnbull, Théâtre des Bouffes du Nord, Paris, Premiere: 12. 1. 1975. Mitarbeit Regie: Yutaka Wada, Technische Mitarbeit: Georges Wakhevitch, Jeanne Wakhevitch, Darsteller: Malick Bowens, Michèle Collison, Miriam Goldschmidt, Bruce Myers, Yoshi Oida (Die Iks), Maurice Bénichou, Jean-Claude Perrin (Die Missionare), Andreas Katsulas (Colin Turnbull)

1976

Tournee der *Iks* in England, Lateinamerika, USA, Deutschland

1977

Begegnungen mit bemerkenswerten Menschen (O: Meetings with Re-markable Men), Kinofilm nach einem Text von G. U. Gurdjieff, Pro-duzent: Stuart Lyons, Remar Productions, USA, 1979. Idee: Peter Brook, Jeanne de Salzman, Kamera: Gilbert Taylor, Bauten: Georges Wakhevitch, Kostüme: Malak Khazai, Musik: Thomas de Hartman, Laurence Rosenthal, Alain Kremski, Darsteller: Dragan Maksimovič (Gurdjieff), Terence Stamp (Prinz Lubovedskij), Warren Mitchell (Gurdjieffs Vater), Athol Fugard (Skridlov), Natasha Parry (Vivitskaia), Bruce Myers (Yelov), Donald Sumpter (Pogossian), Mikiča Dimitrijevič (der junge Gurdjieff), Colin Blakely, Tom Fleming, Ian Hogg

Ubu aux Bouffes nach *König Ubu (O: Ubu-Roi)* von Alfred Jarry, Théâtre des Bouffes du Nord, Paris, Premiere: 23. 11. 1977. Musik: Toshi Tsuchitori, Darsteller: Andreas Katsulas (Vater Ubu), Michèle Collison/Miriam Goldschmidt (Mutter Ubu), Malick Bowens, Urs Bihler, Mireille Maalouf, Alain Maratrat, François Marthouret, Yoshi Oida, Jean-Claude Perrin

1978

Tournee des *Ubu aux Bouffes* in Europa und Lateinamerika

Antonius und Kleopatra (O: The Life of Antony and Cleopatra, P: Antony and Cleopatra) von William Shakespeare, Royal Shakespeare Theatre, Stratford-upon-Avon, Premiere: 10. 10. 1978. Bühnenbild/Kostüme: Sally Jacobs, Musik: Richard Peaslee, Darsteller: Alan Howard (Marc Antony), Glenda Jackson (Cleopatra), Jonathan Pryce (Octavius Caesar), Patrick Stewart (Enobarbus), David Suchet (Pompey), Marjory Bland (Octavia), Richard Griffiths (Narr)

Maß für Maß (O: Measure for Measure, P: Mesure pour Mesure) von William Shakespeare, Übersetzung/Bearbeitung: Jean-Claude Carrière, Théâtre des Bouffes du Nord, Paris, Premiere: 27. 10. 1978. Bühnenbild: Pâris Vlavianos, Kostüme: Jeanne Wakhevitch, Regieassistenz: Jean-Claude Perrin, Darsteller: François Marthouret (Herzog), Malick Bowens (Escalus), Bruce Myers (Angelo), Maurice Bénichou (Lucio), Jean-Claude Perrin (Herr), Lydia Ewandé (Frau Durchunddurch), Andreas Katsulas (Pompé), Arnault Lecarpentier (Claudio), Urs Bihler (Ellbogen, Hurensohn), Clémentine Amouroux (Isabelle), Alain Maratrat (Meister Schaum, Bernadin), Corinne Juresco/Nasrin Pouhosseini (Julie), Mireille Maalouf (Mariane)

1979

Der Knochen (O: L'os) nach einem Märchen von Birago Diop, Bühnenfassung: Malick Bowens, Jean-Claude Carrière, Festival d'Avi-

gnon, Cloître des Carmes, Avignon, Premiere: 15. 7. 1979; nach
kurzer Europatournee ab dem 6. 10. 1979 im Théâtre des Bouffes du
Nord, Paris. Regieassistenz: Jean-Claude Perrin, Darsteller: Malick
Bowens (Mor Lam), Yoshi Oida (Moussa), Mireille Maalouf (Awa),
Andreas Katsulas (Mame Magatte)

Die Konferenz der Vögel (O: La conférence des Oiseaux) nach einem
Gedicht von Farid Uddin Attar, Bühnenfassung: Jean-Claude Car-
rière, Festival d'Avignon, Cloître des Carmes, Avignon, Premiere:
15. 7. 1979; nach kurzer Europatournee ab dem 6. 10. 1979 im
Théâtre des Bouffes du Nord, Paris. Bühnenbild/Kostüme: Sally
Jacobs, Masken: Ida Bagus Anom, Wayan Tangguh, Musik: Blaise
Catala, Linda Daniel, Alain Kremski, Amy Rubin, Toshi Tsuchitori,
Dramaturgieassistenz: Marie-Hélène Estienne, Nina Soufy, Darstel-
ler: Maurice Bénichou, Urs Bihler, Malick Bowens, Michèle George,
Miriam Goldschmidt, Andreas Katsulas, Arnault Lecarpentier, Mi-
reille Maalouf, Alain Maratrat, Bruce Myers, Yoshi Oida, Natasha
Parry, Jean-Claude Perrin, Tapa Sudana, Robert Lloyd

1980

Die Iks, Ubu, Der Knochen und *Die Konferenz der Vögel* auf Austra-
lientournee und in New York

1981

Der Kirschgarten (O: Višnëvyj sad, P: La Cerisaie) von Anton Pavlovič Čechov, Bearbeitung: Jean-Claude Carrière, Théâtre des Bouffes
du Nord, Paris, Premiere: 18. 3. 1981. Bühnenbild/Kostüme: Chloé
Obolensky, Musik: Marius Constant, Mitarbeit Regie: Maurice Bénichou, Darsteller: Niels Arestrup (Lopachin), Catherine Frot (Dunja-
cha), Claude Evrard (Semion Epidchodow), Robert Murzeau (Firs),
Natasha Parry (Ljubow), Anne Consigny (Ania), Michèle Simonet
(Charlotta Ivanovna), Nathalie Nell (Varia), Michel Piccoli (Gaev),
Jacques Debary (Pistchik), Maurice Bénichou (Yacha), Joseph
Blatchley (Trofimow), Jean-Paul Denizon (Passant, Stationsvorste-
her)

Die Tragödie der Carmen (P: La Tragédie de Carmen) nach George Bizet, Prosper Mérimée, Henri Meilhac und Ludovic Halévy, Bearbeitung: Marius Constant, Jean-Claude Carrière, Peter Brook, Théâtre des Bouffes du Nord, Paris, Premiere: 20. 11. 1981. Musikalische Leitung: Marius Constant, Bühnenbild/Kostüme: Chloé Obolensky, Regieassistenz: Maurice Bénichou, Darsteller: Hélène Delavault, Zehava Gal, Eva Saurova (Carmen), Laurence Dale, Howard Hensel, Julian Pike (Don José), Véronique Dietschy, Agnès Host (Micaela), Carl Johan Falkman, John Rath (Escamillo), Jean-Paul Denizon (Zuniga und eine alte Zigeunerin), Alain Maratrat (Garcia, Lillas Pastia)

1982

Wiederaufnahme der *Tragödie der Carmen* im Théâtre des Bouffes du Nord, Paris, November 1982

1983

Wiederaufnahme des *Kirschgartens* im Théâtre des Bouffes du Nord, Paris, März 1983 mit drei Umbesetzungen: Guy Tréjan, (Gaev), Martine Chevalier (Varia) und Irina Brook (Ania)

Verfilmung der *Tragödie der Carmen* in drei Versionen, Produzent: Micheline Rozan, Co-Produktion: Antenne 2, Channel Four Television, Bavaria Atelier München, Alby Films, 1983. Drehbuch: Peter Brook, Marius Constant, Jean-Claude Carrière. Kamera: Sven Nykvist, Bauten: Georges Wakhevitch, Ton: Georges Prat, Dirigent: Marius Constant, Technische Mitarbeit: Jean-Guy Lecat, Darsteller: Zehava Gal, Eva Saurova, Hélène Delavault (Carmen), Laurence Dale, Howard Hensel (Don José), Véronique Dietschy, Agnès Host (Micaela), Carl Johan Falkman, John Rath, Jake Gardner (Escamillo), Jean-Paul Denizon (Zuniga), Alain Maratrat (Lillas Pastia), Tapa Sudana (Garcia)

1984

Tschin-Tschin (O: Tchin-Tchin, P: Chin Chin) von François Billetdoux, Théâtre Montparnasse, Paris, Premiere: 7. 1. 1984. Mitarbeit Regie: Maurice Bénichou, Darsteller: Natasha Parry, Marcello Mastroianni, Nicolas Hossein

1985

Mahabharata nach einem altindischen Epos, französische Version, Bühnenfassung: Peter Brook, Jean-Claude Carrière, Festival d'Avignon, Steinbruch bei Avignon, Premiere: 7. 7. 1985; nach kurzer Europatournee ab Oktober 1985 im Théâtre des Bouffes du Nord, Paris. Bühnenbild/Kostüme: Chloé Obolensky, Musik: Toshi Tsuchitori, Djamchid Chemirani, Kudsi Erguner, Kim Menzer, Mahmoud Tabrizi-Zadeh, Traditionelle Künste: Karuna Karan Nair, Nina Soufy, Kriegskünste: Dan Schwarz, Kämpfe: Alain Maratrat, Regieassistenz: Marie-Hélène Estienne, Technische Leitung: Jean-Guy Lecat, Künstlerische Beratung: Rajeev Sethi, Literarische Beratung: Philippe Lavastine, Musikalische Beratung: Vincent Dehoux, L. Subramaniam, Darsteller: Joséphine Derenne (Kunti), Mireille Maalouf (Ganga, Gandhari, Guneshda), Tam Sir Niane (Madri Hidimbi), Pascaline Pointillart (Amba Subhadra, Dienerin der Gandhari), Mallika Sarabhai (Satyavati, Draupadi), Maurice Bénichou (Ganesha, Krishna), Ryszard Cieslak (Dhritarashtra), Clovis (Ekalavya, Uttara, Abhimanyu), Georges Corraface (Dushassana), Jean-Paul Denizon (Nakula, Aswhattaman), Mamadou Dioume (Bhima), Matthias Habich (Yudhishthira), Andreas Katsulas (Salva, Djayadratha), Sotigui Kouyate (Bhishma, Parashurama), Alain Maratrat (Vyasa), Clément Masdongar (Sisupala, Ghatotkatcha, Ewiger Jüngling), Vittorio Mezzogiorno (Arjuna), Bruce Myers (Karna), Yoshi Oida (Drona, Kitchaka), Andrej Seweryn (Duryodhana), Douta Seck (Fischerkönig, Shakuni, Virata, Sandhaya), Tapa Sudana (Pandu, Siva, Salya), Ken Higelin/Lufti Jakfar/Nicolas Sananikone/Samon Takahashi (Kinder), Produzent: Micheline Rozan

1986

Japantournee der *Carmen* im September

1987

Mahabharata, englische Version, Bühnenfassung: Jean-Claude Carrière, Peter Brook, Zürich, Premiere: 15. 8. 1987; Welttournee. Musik: Toshi Tsuchitori, Djamchid Chemirani, Kudsi Erguner, Kim Menzer, Mahmoud Tabrizi-Zadeh, Darsteller: Miriam Goldschmidt (Kunti), Corinne Faber (Subhadra), Mireille Maalouf (Ganga, Gandhari, Gudeshna), Hélène Patarot (Amba), Mallika Sarabhai (Satyavati, Draupadi), Tam-sir (Madri, Hidimbi, Ursavi), Urs Bihler (Dushassana), Ryszard Cieslak (Dhritarashtra), Georges Corraface (Duryodhana), Mamadou Dioume (Bhima), Richard Fallon (Djayadratha, Salva), Nolan Hemmings (Ekalayva, Aswhattaman), Jeffrey Kisson (Karna), Sotigui Kouyate (Bishma, Parashurma), Tuncel Kurtiz (Fischerkönig, Shakuni, Sandhaya, Virata, Adiratha), Robert Langdon Lloyd (Vyasa), Mavuso Mavuso (Die Sonne, Sisupala, Ghatokatcha), Vittorio Mezzogiorno (Arjuna), Bruce Myers (Ganesha, Krishna), Yoshi Oida (Drona, Kitchaka), Andrej Seweryn (Yudhishthira), Tapa Sudana (Pandu, Siva, Salya, Maya), Mahmoud Tabrizi-Zadeh (Sahadeva), Akram Khan/Amadu Sowe/Mipam Thurman/Antonin Stahly-Viswanadhan (Kinder)

1988

Der Kirschgarten (O: Višnëvyj sad, P: The Cherry Orchard) von Anton Pavlovič Čechov, Brooklyn, New York, Premiere: Februar 1988. Darsteller: Natasha Parry, u. a.

Anmerkungen

Olivier Ortolani, ›Ein produktives Neben- und Nacheinander von Gegensätzen‹

1 Brook, Peter: Der leere Raum. München, Deutscher Taschenbuch Verlag, 1975, S. 96
2 Trewin, John Courtenay: Peter Brook, A Biography. London, MacDonald, 1971, S. 14
3 Brook, Peter: Der leere Raum, a.a.O., S. 121
4 Behr, E.: The Elusive Magician. In: Newsweek, 15. 8. 1979
5 Brook, Peter in: Montassier, Gérard: Le Fait Culturel. Paris, Fayard, 1980, S. 111
6 Kott, Jan: Shakespeare heute. München, Piper Verlag, 1970, S. 358
7 ebd., S. 357
8 Lange Reise zum Wahrnehmungsvermögen. Interview von Denis Bablet mit Peter Brook. In: Kreativität und Dialog. Berlin, Henschelverlag, 1983, S. 91 ff.
9 Brook, Peter: Der leere Raum, a.a.O., S. 33
10 Canaris, Volker: Beckett und Vietnam. In: Theater heute, 5/ 1968, S. 9

Georges Banu, ›Das Theater als Spielraum‹

1 Brook, Peter: Les lieux du spectacle. In: Architecture d'aujourd' hui, numéro spécial, n. 152, Oktober/November 1970, S. XXXVI

2 ebd., S. XXXVI

3 Brook, Peter: Le théâtre et la vie. In: Documentation théâtrale, fiches analytiques, n. 2, Nanterre 1975, S. 58

4 Shakespeare, William: Timon d'Athènes. Adaption française de Jean-Claude Carrière. Paris, éd. C.I.R.T., 1974, S. 13

5 Entretien avec Jean-Guy Lecat. In: Banu, Georges: Peter Brook. Les Voies de la Création Théâtrale, Vol. XIII. Paris, éditions du C.N.R.S., 1985, S. 368

6 Brook, Peter: Les lieux du spectacle, a.a.O., S. XXXVI

7 ebd., S. XXXVI

8 Brook, Peter: Pour des espaces indéfinis, Entretien avec Peter Brook. In: Techniques et Architecture, n. 310, August–September 1976, numéro consacré aux: Ruptures dans l'architecture du spectacle, Paris

9 Sie waren vorhanden bis zum *Mahabharata*.

10 Brook, Peter: Der leere Raum, a.a.O., S. 107

Ausgewählte Bibliographie

Texte von Peter Brook

Der leere Raum, Berlin, Alexander Verlag, 1983
Schriften zu Theater, Film und Oper 1946–1987, Berlin, Alexander Verlag, 1988

Gespräche mit Peter Brook

Alexander, Caroline, Je n'ai jamais cru à une seule vérité. In: Maintenant, Nummer 17, 30. Juni–27. Juli 1979

Ansorge, Peter: Director in Interview. In: Plays and Players, vol. 18, Nummer 1, Oktober 1970

Bablet, Denis: Lange Reise zum Wahrnehmungsvermögen. In: Kreativität und Dialog. Berlin, Henschelverlag, 1983

Bablet, Denis: A propos du »Roi Lear« et de »Marat/Sade«. In: Filmer le théâtre, table ronde du C.N.R.S. Cahiers Théâtre de Louvain, Nummer 46, Louvain-la-Neuve, 1981

Banu, Georges und Debroux, Bernard: Artifice et naturel. In: Alternatives théâtrales, Nummer 19, Juli 1984

Banu, Georges: Le Mahabharata ou les pouvoirs d'une histoire. In: Alternatives théâtrales, Nummer 24, Juli 1985

Becker, Peter von: Ein Raum, Schauspieler, Zuschauer, ein Spiel – das ist alles. In: Theater 1983, Jahrbuch der Zeitschrift Theater heute. Zürich, Orell Füssli + Friedrich Verlag

Berry, Ralph: On Directing Shakespeare. Interviews with Contemporary Directors. London, Crom Helm, 1977

Billington, Michael: Written on the Wind – The Dramatic Art of Peter Brook. In: The Listener, 21.–28. Dezember 1978

Blakely, Colin: Exploration of the Ugly: Brook's Work on Oedipus. In: Tulane Drama Review, vol. 13, Nummer 3, Frühjahr 1969

Brandon, Henry: How I Direct in the Theatre. London, André Deutsch, 1966

Estienne, Marie-Hélène: La Cerisaie, une immense vitalité. In: Théâtre en Europe, Nummer 2, April 1984

Fulchignoni, Enrico: Le théâtre sans fard. In: La Nouvelle Critique, Nummer 33, April 1970

Gibson, Michael: Brook's Africa. In: Tulane Drama Review, vol. 7, Nummer 3, September 1973

Hayman, Ronald: Playback – Essay/Interviews with… London, Davis-Poynter, 1973

Labeille, Daniel: The Formless Hunch. In: Modern Drama, vol. XXIII, Nummer 3, September 1980

Lahr, John: Knowing What to Celebrate. In: Plays and Players, vol. 23, Nummer 6, März 1976

Liehm, Antonin: Politics of Sclerosis: Stalin and Lear. In: Theatre Quarterly, Nummer 10, April–Juni 1973

Mainusch, Herbert: Spielen, das heißt sein Leben entfalten. In: Regie und Interpretation. Gespräche mit Regisseuren. München, Wilhelm Fink Verlag, 1985

Millon, Martine: Fable pessimiste ou tragédie – Le sens d'une recherche. In: Travail Théâtral, Nummer 18–19, hiver-printemps, 1975

Munk, Erica: Peter Brook: The Way's the Thing. In: Village Voice, 12. Mai 1980

Munk, Erica: Looking for a New Language. In: Performance, vol. 1, Nummer 1, Dezember 1971

Ronconi, Luca: Entretien avec Peter Brook. In: Cahiers Renaud-Barrault, Nummer 79, 1972

Trussler, Simon: Private Experiment in Public. In: Plays and Players, vol. 11, Februar 1964

Über Peter Brook

Banu, Georges: Peter Brook. Les Voies de la Création Théâtrale, vol. XIII, Paris, éditions du C.N.R.S., 1985

Banu, Georges: La Conférence des Oiseaux ou le chemin vers soi-même. In: Les Voies de la Création Théâtrale, vol. X, Paris, éditions du C.N.R.S., 1982

Banu, Georges: La Tragédie de Carmen. In: L'Annuel du théâtre. Paris, L'Aire, 1981/82

Banu, Georges: L'envers des objets. In: Travail Théâtral, Nummer 30, Januar–März 1978

Banu, Georges (Hrsg.): Le Mahabharata, Alternatives théâtrales, Nummer 24, Brüssel, Juli 1985

Banu, Georges und Marienstras, Richard: Timon d'Athènes de Shakespeare et sa mise en scène par Peter Brook. In: Les Voies de la Création Théâtrale, vol. V, Paris, éditions du C.N.R.S., 1977

Becker, Peter von: Der leere Traum. In: Theater heute, Nummer 6, Juni 1981

Becker, Peter von: Der Sommernachtstraum des »Mahabharata«. In: Theater heute, Nummer 9, September 1985

Canaris, Volker: Beckett und Vietnam. In: Theater heute, Nummer 5, Mai 1968

Croyden, Margaret: The Achievements of Peter Brook. In: Lunatics, Lovers and Poets. New York, MacGraw Hill Book Company, 1974

Dort, Bernard: Nur noch Zeit zu lieben und Zeit zu töten. In: Theater heute, Nummer 3, März 1982

Ertel, Evelyne: De briques et de broc... une esthétique de l'écart. In: Travail Théâtral, Nummer 30, Januar–März 1978

Esslin, Martin: Ein Theater der Grausamkeit? In: Theater heute, Nummer 5, Mai 1964

Esslin, Martin: Einwände gegen »U.S.«. In: Theater heute, Nummer 2, Februar 1967

Esslin, Martin: Grausamkeit, Ritual, Bacchanal. In: Theater heute, Nummer 5, Mai 1968

Heilpern, John: Peter Brooks Theater-Safari. Hamburg, Knaus Verlag, 1979

Kalman, Jean: Par-delà »Ubu«, ou le globe et l'enfant. In: Travail Théâtral, Nummer 30, Januar–März 1978

Kane, John: Puck erzählt. In: Theater heute, Nummer 10, November 1972

Kott, Jan: König Lear oder das Endspiel. Shakespeare – grausam und wahr. In: Shakespeare heute. München, Piper Verlag, 1970

Laube, Horst: Der Trost der Vögel. In: Theater heute, Nummer 9, September 1979

Löscher, Peter: Von der Sprache des Theaters. In: Theater heute, Nummer 1, Januar 1986

Marowitz, Charles: Lear Log. In: Tulane Drama Review, vol. 8, Nummer 2, Winter 1963

Marowitz, Charles: Notes on Theatre of Cruelty. In: Tulane Drama Review, vol. XI, Nummer 2, Winter 1966

Melchinger, Siegfried: Sommernachtstraum. Peter Brook inszeniert den »Sommernachtstraum«. In: Shakespeare. Frankfurt am Main, Suhrkamp Verlag, 1986

Schlocker, Georges: Werkstatt. Peter Brook arbeitet in Paris mit Schauspielern und inszeniert Handkes »Kaspar«. In: Theater 1972, Jahrbuch der Zeitschrift Theater heute, a.a.O.

Selbourne, David: The Making of a Midsummer Night's Dream. An Eye-Witness Account of Peter Brook's Production from the First Rehearsal to First Night. London, Methuen, 1983

Smith, A. C. H.: Peter Brooks »Orghast« in Persepolis. Ein Beispiel seiner Arbeit. Frankfurt am Main, S. Fischer Verlag, 1974

Trewin, John Courtenay: Peter Brook, A Biography. London, Mac-Donald, 1971

Trilling, Ossia: Playing with Words at Persepolis. In: Theatre Quarterly, Nummer 5, Januar–März 1972

Tynan, Kenneth: Peter Brook inszeniert »König Lear«. In: Theater heute, Nummer 12, Dezember 1962

Tynan, Kenneth: Director as Misanthropist: On the Moral Neutrality of Peter Brook. In: Theatre Quarterly, vol. VIII, Nummer 25, Frühjahr 1977

Wendt, Ernst: The Marat/Sade und andere Grausamkeiten. In: Theater heute, Nummer 10, Oktober 1964

Wendt, Ernst: Mit den Bomben spielen. In: Theater heute, Nummer 2, Februar 1967

Wendt, Ernst: Die Sprache des Theaters und der Mythen. In: Theater heute, Nummer 10, Oktober 1971

Williams, David (Hrsg.): Peter Brook. A Theatrical Casebook. London, Methuen, 1988

Fotonachweis

Roger Pic, Seiten 15, 17, 34, 37

Pablo Reinoso, Seiten 86/87

Nicolas Treatt, Seiten 28/29, 56/57, 68/69, 78/79, 96, 102/103

Die Herausgeberin und der Fischer Taschenbuch Verlag danken allen Rechteinhabern für die Abdruckgenehmigung.

REGIE IM THEATER

Mechthild Lange
Peter Zadek
Herausgegeben von Claudia Balk
Band 9125

Peter Zadek ist eine der schillerndsten Persönlichkeiten unter
den deutschen Regisseuren der letzten Jahrzehnte.
Ihm ist das Buch der Journalistin Mechthild Lange gewidmet, die zur Zeit als leitende Dramaturgin am Deutschen
Schauspielhaus in Hamburg tätig ist.
Aus Interviews mit Peter Zadek und einigen seiner Mitarbeiter sowie Essays hat die Autorin ein vielschichtiges Porträt
des Regisseurs zusammengestellt.

REGIE IM THEATER

REGIE IM THEATER

KLAUS MICHAEL GRÜBER

UWE B. CARSTENSEN
FISCHER

Uwe B. Carstensen
Klaus Michael Grüber
Herausgegeben von Claudia Balk
Band 7121

Klaus Michael Grübers hochartifizielle Inszenierungen wird mythische Kraft zugeschrieben. Sein Name ist eng mit der Berliner Schaubühne verbunden.
In diesem Band hat Uwe B. Carstensen, der Klaus Michael Grübers Inszenierung von »Bantam« in München 1986 betreut hat, Interviews mit dem Regisseur und einigen seiner Mitarbeiter sowie zwei sich ergänzenden Essays zu einem Porträt zusammengefaßt.

Theater Funk Fernsehen

Christopher Fry
**Die Dame ist
nicht fürs Feuer**
Band 7099

Jean Giraudoux
**Kein Krieg in Troja
Die Irre
von Chaillot**
Zwei Stücke
Band 7033

Hugo von
Hofmannsthal
Jedermann
Band 7021
Der Schwierige
Band 7111
Der Unbestechliche
Band 7112

Henrik Ibsen /
Peter Zadek
**Die Wildente
Hedda Gabler
Baumeister Solneß**
Band 7073

Eugene Ionesco
Die Nashörner
Band 7034
Der König stirbt
Band 7067

Pierre Carlet
de Marivaux
Triumph der Liebe
Band 7035

Arthur Schnitzler
Reigen / Liebelei
Band 7009
Das weite Land
*Ein Film von
Luc Bondy.*
Band 7105

Franz Werfel
**Jacobowsky und
der Oberst**
Band 7025

Thornton Wilder
Die Alkestiade
Band 7076
**Unsere
kleine Stadt**
Band 7022
**Wir sind noch
einmal davon-
gekommen**
Band 7029
**Einakter und
Dreiminutenspiele**
Band 7066

Tennessee Williams
**Endstation
Sehnsucht**
Band 7120
Die Glasmenagerie
Band 7109
**Die Katze auf dem
heißen Blechdach**
Band 7110
Die tätowierte Rose
Band 7072
Vieux Carré
Band 7098

Carl Zuckmayer
**Der fröhliche
Weinberg
Schinderhannes**
Zwei Stücke
Band 7007
**Der Hauptmann
von Köpenick**
Band 7002
Der Rattenfänger
Band 7114
Des Teufels General
Band 7019

Fischer Taschenbuch Verlag

fi 285 / 8